民族之魂

变法图强

陈志宏◎编著

延边大学出版社

图书在版编目（CIP）数据

变法图强 / 陈志宏编著 . –– 延吉 : 延边大学出版
社 , 2018.4（2023.3 重印）
（民族之魂 / 姜永凯主编）
ISBN 978-7-5688-4476-5

Ⅰ . ①变… Ⅱ . ①陈… Ⅲ . ①品德教育—中国—青少
年读物 Ⅳ . ① D432.62

中国版本图书馆 CIP 数据核字（2018）第 069120 号

变法图强

————————————————————————————————

编　　　著：陈志宏
丛 书 主 编：姜永凯
责 任 编 辑：王　静
封 面 设 计：映像视觉
出 版 发 行：延边大学出版社
社　　　址：吉林省延吉市公园路 977 号　　邮编：133002
网　　　址：http://www.ydcbs.com　　E–mail：ydcbs@ydcbs.com
电　　　话：0433-2732435　　　　　传真：0433-2732434
发行部电话：0433-2732442　　　　　传真：0433-2733056
印　　　刷：三河市同力彩印有限公司
开　　　本：640×920 毫米　　　　1/16
印　　　张：8　　　　　　　　　字数：90 千字
版　　　次：2018 年 4 月第 1 版
印　　　次：2023 年 3 月第 2 次印刷
ISBN 978-7-5688-4476-5

————————————————————————————————

定价：38.00 元

人有灵魂，国有国魂；一个民族，也有民族魂。

鲁迅先生曾经说过："唯有民魂是值得宝贵的，唯有他发扬起来，中国才有真进步。"

鲁迅先生以笔代戈，战斗一生，曾被誉为"民族魂"。

民族魂，顾名思义，就是一个民族的灵魂！民族魂，是一个民族的精髓，体现了一种民族的精神，是一个民族生存和存在的精神支柱。

什么是中华民族的民族魂？那就是中华民族精神！它是中华民族凝聚力的理念核心，是中华文明传承的基因。它包含热烈而坚定的爱国情感，对生活的美好愿望和追求，为目标努力奋斗的拼搏毅力，为正义事业不惜牺牲自己的精神，以及正确的人生观和价值观。

前 言

翻开浩瀚的中国历史长卷，我们可以看到数不胜数的，体现民族精神和民族魂的英雄人物和可歌可泣的感人故事。

民族魂，不仅体现在爱国主义精神和行动中，而且体现在各个领域自强不息的民族奋斗中。而中华民族精神的力量，更是深深植根于延绵几千年的传统文化之中，始终是维系中华各族人民共同生活的纽带，是支撑中华民族生存和发展的精神支柱，是不断推动中华民族前进的强大动力。

民族魂体现在"重大义，轻生死"的生死观中；民族魂体现在"国家兴亡，匹夫有责"的使命感中；民族魂体现在"我以我血荐轩辕"的大无畏精神中；民族魂体现在将国家利益置于最高的爱国情怀中！

纵观中华五千年文明史，曾经有多少杰出的政治家、军事家、思想家、文学家、科学家、艺术家；曾经有多少忧国忧民、鞠躬尽瘁的仁人志士；曾经有多少抗击外敌、英勇献身的民族英雄。他们或顺应历史潮流，积极改革弊政，励精图治，治国安邦，施利于民；或为人类进步而不断进行着农业、工业、科技、社会等各种创新；或开发和改造河山，不断创造着灿烂的中华文明；或英勇反击外来侵略，捍卫着国家主权和民族尊严；或坚决反对民族分裂，维护国家的统一……他们从不同的侧面，体现了中华民族的民族魂，谱写了几千年中华文明的壮丽诗篇，铸造了中华民族高尚而坚不可摧的"民族之魂"。

民族魂，就是爱国魂。从屈原在汨罗江边高唱的《离骚》，到文天祥大义凛然赴死前的"人生自古谁无死，留取丹心照汗青"的诗句；从岳飞的岳家军抗击入侵金兵，到郑成功收复台湾；从血雨腥风的鸦片战争，到硝烟弥漫的十四年抗战，再到抗美援朝的隆隆炮声……哪个为国捐躯的英雄不是可歌可泣的？

民族魂，就是奋斗魂。从勾践卧薪尝胆，到司马迁秉笔直书巨著《史记》；从鉴真东渡传播佛法终在第六次成功，到詹天佑自力更生建铁路；从袁隆平百次实验成为"水稻之父"，到屠呦呦的青蒿素获得诺贝尔奖……哪个不是历经艰难，最终取得成功？

民族魂，就是改革献身魂。从管仲改革到商鞅变法；从王安石变法到百日维新……哪次变法图强不是要冲破

民族之魂

旧势力的阻挠，或流血牺牲？

民族魂，就是创新魂。古有毕昇发明活字印刷，今有王选计算机照排；古有指南针、造纸术、火药、浑天仪、地动仪的发明，今有神舟号的相继飞天……哪个不是中华民族的智慧结晶？

自古以来，多少仁人志士为了维护人格的尊严和民族气节，以生命为代价！留下了"玉可碎不可污其白，竹可断不可毁其节"的称颂；有多少英雄豪杰，为理想和事业奋斗，面对死亡的威胁，大义凛然；有多少爱国壮士面对侵犯祖国的列强，挺身而出而献出生命。

伟大的中华民族孕育了五千年的辉煌，五千年的历史留下了璀璨的中华文明。

前 言

中国人的血脉流淌着顽强不屈的精神！我们的先辈用血汗和生命铸就了不朽的中华民族魂！换得如今中华大地的一片祥和安宁，换得我们现在的幸福生活。如今，我们要实现习近平主席提出的中国梦，依然需要我们秉承祖辈留下的这种"民族魂"。

青少年是国家的希望，亦是民族的未来。因此，爱国主义教育和励志图强教育要从青少年开始。为了增强对青少年的民族精魂和志向教育，我们精心编写了本套丛书——《民族之魂》丛书。

本套丛书将我国有史以来体现民族精神和民族魂的典型事迹，以通俗易懂的语言故事形式展现出来，适合青少年的阅读水平和欣赏角度。书中提供的人物和事件等故事，涉及社会的各个方面，有利于青少年学习和理解，使读者能全方位地领悟中华民族精神。

　　为了帮助读者更好地理解和吸收故事的精神，编者在每篇故事后还给出了"心灵感悟"，旨在使故事更能贴近现实社会，让读者结合自身的需要学习领会，引发读者更深入的思考。

　　希望读者们可以从本套图书中获得教益，通过阅读，真正体会到中华民族之魂所在，同时能汲取其精华，不断提升自己各方面的素质和品格，为祖国新时代的建设和发展做出努力。

　　全套丛书分类编排，内容详尽，风格独具，是广大读者尤其是青少年爱国励志教育的优秀阅读材料。相信本套丛书一定可以成为青少年朋友的良师益友。

民族之魂

导言

变法，指历史上对国家的法令制度作重大的变革。人类社会从原始时期进入文明时期后，变法也随之愈演愈烈。变法的目的是提高社会生产力，优化生产关系，从而进一步强国富民。为了这一目的，无数先人为之付出了沉重的代价。我们的先人早就认识到变法对社会发展的重要性，提出了"变法以治"的观念。在长期的历史进程中，中华民族形成了以变法图强为重要内容的文化传统。

"变"的前提是认清现实，应时因事制宜。在各种诱惑或威逼面前都要保持变法的决心和策略的执行度，既不做金钱的奴隶，也不做权势的俘虏，从而达到高尚的思想境界。

在中国历史上，凡有作为的君主都会把天下兴亡视为己任，不仅体恤民情，亲历政务，也很重视对下属工作的考察，将下属能否胜任当下的职位，在工作中能否提出可行的革新建议，作为衡量官吏尽职与否的标准之一。那些真正将辅助帝王完成兴国大业看成己任的官吏，也会时常提出有效的改革主张。所以，变法关乎江山社稷、民生等重大问题，绝非表现个人的行为。因此，一个人倘若具有变法图强的精神，更是非常可贵。从古至今，中华民族变法图强的美德在社会发展实践中源远流长，我们坚持继承和弘扬这种美德，国家必将呈现更新的面貌。

在此书中，我们精选了中国历史上一些变法图强的经典案例，分为"改革为社稷""改制为强国""革新为安邦"三个方面，以馈读者。希望读者通过阅读此书从中受益，更多地了解中国历史的发展，更多地领会变法图强的精髓，提高爱国意识，加强对国家和社会的责任感，在今后的学习和工作中，更好地继承和发扬先人们变法图强的优秀传统美德，为国家的兴盛发达贡献一己之力。

目录
CONTENTS

第一篇　改革为社稷

2　盘庚迁都为振兴

5　周公旦倡导"明德慎罚"

8　吴起强兵之策

11　商鞅变法强秦国

16　秦始皇统一改革

20　晁错"削藩"主张

23　北魏孝文帝行"均田制"

27　宇文泰建立"府兵制"

31　苏绰"六条书"论改革

35　隋文帝改革典章制

39　唐朝"永贞革新"

45　范仲淹与庆历新政

49　王安石行富国强兵法

53　耶律楚材改革立法

第二篇　改制为强国

58　郑国子产改革铸刑鼎

60　曹操的成功改制

67　唐朝完善科举制

71　松赞干布的改革举措

75　孝庄太后革新稳政局

79　康有为与维新变法

84　孙中山的共和政体

第三篇　革新为安邦

88　大禹治水与治国

91　李悝的"尽地力之教"

94　改陋俗的典范

99　北魏孝文帝迁都

105　杨炎倡行两税法

109　辽太宗行"因俗而治"

113　毕昇的活字印刷

第一篇
改革为社稷

盘庚迁都为振兴

盘庚（生卒年不详），名旬，祖丁子，阳甲弟。盘庚于阳甲死后继位，是商朝第二十位国王。据《夏商周年表修正》记，盘庚共在位28年（公元前1300—前1277年在位），于在位的第三年（公元前1298年）迁都于殷，整顿商朝的政治，使衰落的商朝出现了复兴的局面。病逝后葬于殷（今河南省安阳县小屯庄）。

商王盘庚是商王汤的第九代孙。盘庚是一位有作为的政治家，继承王位后，他大誓臣民、整顿国政、迁都至殷（今河南安阳西北），稳固了商朝的统治，振兴了商朝的实力，繁荣了商代奴隶制社会的经济和文化。

商人的祖先起源于我国北方地区。商部落刚刚兴起时势弱力薄，不断迁徙居址。约公元前16世纪，商汤灭掉夏朝，在中原建商都于亳（今河南省商丘市区）。但商汤及以后几代商王仍然不能在中原一地站稳脚跟。

随着商朝社会政治、经济形势的变化和对外战争的需要，以及自然灾害的发生等，商朝的国都仍在不断地变化。史料记载，从商汤至盘庚，曾五次迁都。而商都屡迁不定的原因，主要是错综复杂的社会矛盾所致，其中商朝奴隶和贵族内部的剧烈斗争，构成了商王迁都的直接原因。

在盘庚以前，商朝贵族为争王位，多次发生内乱。盘庚即位后，面对的是商朝都城贵族穷奢极欲、朝中政治腐败、国势日趋衰落的局面。为了振兴商朝，盘庚将商都由"奄"迁至"殷"，并以此为契机，进行了一系列的改革，包括"去奢即俭""修正法度"等。

盘庚告谕诸侯大臣说："昔高后成汤与尔之先祖俱定天下，法则可修。舍而弗勉，何以成德！"盘庚准备从整顿法规制度开始，强化对臣民的统治，削弱贵族势力。他宣布迁都于殷时，部分贵族鼓动百姓反对迁都，盘庚及时地发出"矢（誓）言"，教育群臣和百姓。

盘庚迁都于殷是一次具有政治远见的举动，它不同于商朝历史上任何一次迁都。盘庚迁都于殷的行为，不仅瓦解了旧都奴隶主贵族的势力，又迫使他们暴露了反对迁都的立场，受到了商王的警告，从而巩固了内部的统治。

盘庚迁殷，也体现了盘庚进取中原乃至更广大地区的雄心。盘庚以后，商王征服了现豫北、晋南地区诸多方国，正是这种雄心的体现。盘庚通过迁都于殷重修了纲纪，稳固了国祚。盘庚迁殷后，由于稳定了商朝的统治秩序，"自盘庚徙殷，至纣之灭，二百七十三年更不徙都"。

□感悟

迁都对于一个国家而言无疑是一件大事，定会受到诸多阻挠。盘庚为了振兴国家，选择迁都，并以此为契机，使国家重整旗鼓。这不仅需要魄力，更需要眼光。推而广之，当事情不能够发展时，就该应时因事而变，时至今日，该做法依然具有积极的指导意义。

■史海撷英

九世之乱

"九世之乱"是商朝中期爆发的一次王室动乱。

据史料记载，商朝自从仲丁以后，王室中衰，连续发生王位纷争，又屡次迁都，诸侯离叛。该动乱历经仲丁、外壬、河亶甲、祖乙、祖辛、沃甲、祖丁、南庚、阳甲等九个王，故史称为"九世之乱"。

周公旦倡导"明德慎罚"

> 周公（生卒年不详），姓姬名旦，亦称叔旦，周文王姬昌第四子，因封地在周（今陕西岐山北），故称周公或周公旦。周公旦是西周初期杰出的政治家、军事家和思想家，被尊为儒学奠基人，是孔子一生最崇敬的古代圣人之一。

周公旦是西周开国之君周武王姬发的弟弟，因为他的采邑在周（今陕西岐山北），故称周公。

周公旦是西周初年著名的军事家和政治家。周武王死后，他辅佐年幼的周成王理政，实际上完全统摄着周王朝。在摄政期间，周公旦平定了管叔、蔡叔、霍叔的叛乱，并制礼作乐，对周王朝进行了一系列改革。其中，周公旦"明德慎罚"的思想及其与此相应的革新措施，一直为后世统治者所景仰。

周公旦是与周武王一同灭商兴周的开国功勋，在灭商过程中，他亲眼看到了商纣王昏庸无道，"俾暴虐于百姓，以奸宄于商邑"的情形，接受了商亡的教训，决心以德治国，痛革商风。

西周建立后的第二年（公元前1026年），周武王去世，周公旦辅佐年幼的成王摄政。此时，商朝暴政酷刑导致灭亡的前车之鉴近在咫尺，于是周公开始以德教国人。他说："无作怨，勿用非谋、非彝，蔽时忱。丕则敏德，用康乃心，顾乃德，远乃猷裕，乃以民宁，不汝瑕殄。"

在"明德慎罚"思想的指导下，周公开始推行新政。首先，他按照商民旧有的组织及风俗习惯妥善安置，对原来的部落统帅不仅不杀不刑，反而继续用他们统领殷商遗民。"使帅其宗氏，辑其分族，将其类丑"，以达到"选建明德，以蕃屏周"的目的。周公曾告诫有敌对情绪的康叔："汝惟小子，乃服惟弘王，应保殷民，亦惟助王宅天命，作新民。"并用"义刑义杀"来教化殷民。

对于周人，尤其是贵族、功臣等，为了让他们明白天子之德，周公采取了"封建亲戚"的办法，对他们"授民授疆土"。为了使"明德慎罚"的原则制度化，周公旦可谓费尽心血，制定了涉及社会各个方面的礼乐，将畿服、爵谥、继承、井田、刑法、礼仪等制度，统统归于周礼的范畴之中，以新的礼乐为根据，教育和约束百姓。

由于周公旦的改革措施完全是反殷商虐暴之道而行之，从而使西周王朝出现了社会安定、经济繁荣的景象。周公旦居摄七年，将殷商之风扫荡殆尽，巩固了新兴的西周政权。

成王成年后，周公旦为了实现自己制定的嫡长子继承制，不居功擅权，而是将朝政交给了成王，表现出了一位政治家的磊落胸怀。

□感悟

俗话说，前事不忘后事之师。周公旦正是深刻地意识到了商纣的荒淫无道，因此在其摄政时，以"明德慎罚"为指导思想进行改革，从而使百姓安居乐业，国家兴旺安定。

■ 史海撷英

周武王设立三监

周武王推翻商朝统治后，定都镐京，随后便将原来商王朝直接统治的地方分成三个部分，其中，邶由纣王之子武庚禄父掌管，卫由蔡叔度掌管，庸由管叔鲜掌管，史称"三监"（也有的将管叔、蔡叔、霍叔称为"三监"。但说霍叔为"三监"之一，《史记》《汉书》等都未载）。管叔的封地在管（今河南郑州一带），蔡叔的封地在蔡（今河南上蔡一带），封叔旦于鲁（今山东曲阜），为周公。又封太公望于营丘（今山东昌乐东南部，传六世后迁都至山东临淄北），封召公奭于燕（今北京西南）。

■ 文苑拾萃

《牧誓》

《牧誓》为周朝伐商时期周武王所作。

全文共分作两段。第一段痛斥了商纣王只听妇人（妲己）的话，不祭祀祖先和天地之神，连自己同祖的兄弟都不任用，反而重用四方逃亡的罪人，结果让他们暴虐百姓，导致天怒人怨，招致殷纣王灭亡；第二段则申明了自己讨伐商纣王是龚行天罚，宣布作战纪律，鼓励战士勇猛杀敌。

吴起强兵之策

吴起（约公元前440—前381），卫国（今山东省定陶县）人，战国初期著名的政治改革家，卓越的军事家、统帅、军事改革家。吴起的代表作品有《吴子》，《吴子》与《孙子》又合称《孙吴兵法》。

公元前402年，楚国民众起义杀死了楚声王。次年，楚声王之子楚悼王即位。新上台的楚悼王面临着严重的内外矛盾。国内"其政骚，其民疲"，经济萎靡，政局动荡；对外接连被新兴的三晋（韩、赵、魏）和秦国打败。

内忧外患使楚悼王坐卧不安，他不甘心楚国就此沉沦，迫切希望改变楚国现状，恢复昔日霸主形象。于是，楚悼王下令求贤，以求改革。

这时，踌躇满志的大政治家、军事家吴起从魏国来到楚国。悼王"素闻（吴）起贤"，先将其安置在苑地（今河南南阳地区）做官，以试其才。一年后，又任命吴起为楚国令尹，让他主持楚国的变法革新。

吴起平生抱负远大，在魏国未得施展，本来就不甘心，现在受到楚悼王的重用，得到了实现扶强图霸的机会，因此竭尽全力，助楚图强。

吴起根据楚国的实际情况，主要从六个方面整饬纲纪，变法更新。其一，"废公族疏远者"，将与国君血缘关系已经疏远的贵族一律废为平民；其二，精简机构，整顿吏治；其三，移民于边，发展生产；其四，"要在强兵"，选练军队；其五，"明法审令"，实行法制；其六，破横散纵，拒绝结盟。

其中，"明法审令"与"要在强兵"是变法的核心内容。"明法审令"是吴起根据李悝为魏文侯制定《法经》的经验，按"因时变法"的原则，重新订正楚国的法律条令，剔除了不合时宜的成分，增加了为新政服务的内容，然后公布于世，强令楚国民众遵照执行。

"要在强兵"，即为楚国"砥砺甲兵"，加强武备，以改变楚国对外战争中多次失利的局面。具体措施是：以没收三世以上封君的爵禄和裁汰冗官节省的官费充作军费，"以抚养战斗之士"，征召、训练军队，对踊跃参军、勇敢作战者给予奖励。采取这些措施后，楚国的军事力量迅速上升，由原来的被动挨打变为主动出击他国，"南平百越，北并陈蔡，却三晋，西伐秦"，"兵震天下，威服诸侯"，成为名副其实的南方劲雄。

□感悟

在历史某个特定的阶段，变法则强，不变法则亡，可以说这是一个亘古不变的真理。然而，变法也应因事而制宜，吴起正是在了解楚国实际情况的前提下，勇于开创国家新面貌。他以振兴国家为己任，全身心投入，终于使得楚国成为南方劲雄。

阴晋之战

　　阴晋之战指的是公元前389年，秦军为了夺取被魏国占领的河西地区而动用50万大军攻魏，魏军在名将吴起的率领下，通过激励方法极大地提高魏军士气，显著地增强了战斗力，在阴晋打了胜仗。

　　阴晋之战是我国历史上以弱胜强、以少胜多的战役之一。

商鞅变法强秦国

商鞅（约公元前395—前338），姬姓，卫氏，又称卫鞅、公孙鞅，卫国（今河南安阳市内黄梁庄镇一带）人，战国时期政治家、思想家，先秦法家代表人物。商鞅应秦孝公求贤令入秦，说服秦孝公变法图强。孝公死后，受到秦贵族诬害以及秦惠文王的猜忌，被车裂而死。商鞅在秦执政20余年，秦国大治，并使秦国长期凌驾于山东六国之上，史称"商鞅变法"。

公元前5世纪至前4世纪中叶，秦国正处于内忧外患之时。秦国奴隶主操纵着国君废立的大权，使秦国国君像走马灯一样频繁更换，在从秦躁公元年（公元前442年）到秦孝公元年（公元前361年）的81年中，更换了八位君主，社会政治极不稳定。躁公之后的怀公，因被大臣兵围而自杀，一时间，王室与贵族矛盾十分尖锐。

当时，秦国的东方是劲敌魏国，经过李悝变法后，魏国的国力日益强盛，从而夺走了秦国的河西之地，使秦国失去了东边的大河屏障。秦孝公即位后，经常追念先君霸主穆公"天子致伯，诸侯毕贺"的业绩，怀念献公"且欲东伐，复缪公之故地，修穆公之政令"。

秦国的东面除了魏国之外，还有齐、楚、赵、韩、燕等几大强国，以及淮、泗之间的十几个小国。当时，秦国地处西陲，政治、经济、文化比较落后，深为他国所轻视。

秦孝公决心发奋图强，首先下令求贤。在魏国无法施展抱负而到秦国的商鞅，通过太监景监引荐，以强国之术面陈于孝公。孝公听后，非常高兴，任商鞅为左庶长，主持变法，富国强兵。商鞅认为，"治世不一道，便国不法古"，"法古则后于时"，"修今则害于势"，必须"因世而为之治，度俗而为之法"。在这种思想指导下，商鞅开始了在秦国的变法革新。

从秦孝公三年（公元前359年）至十二年（公元前350年），商鞅主持制定了一系列新法，用以强化统治。

商鞅变法的主要内容有："令民为什伍，而相牧司连坐。不告奸者腰斩。告奸者与斩敌首同赏，匿奸者与降敌同罚。民有二男以上不分异者，倍其赋。有军功者，各以率受上爵；为私斗者，各以轻重被刑大小。僇力本业，耕织致粟帛多者复其身。事末利及怠而贫者，举以为收孥。宗室非有军功论，不得为属籍。明尊卑爵秩等级，各以差次名田宅，臣妾衣服以家次。有功者显荣，无功者虽富无所芬华。"又"令民父子兄弟同室内息者为禁。而集小乡邑聚为县，置令、丞，凡二十一县。为田开阡陌封疆，而赋税平。平斗桶权衡丈尺"。

商鞅的新法，赏罚分明，切合实际，加强了内部团结，整齐了秦国制度，把广大士民引向了耕战之路，达到了富国强兵的目的。

孝公八年，秦国围魏救赵，斩魏兵7000余级，攻占了河西之少梁（今陕西韩城南），初步显现出了商鞅变法的强大威力。商鞅也由左庶长升为兼管军政的大良造。

孝公十一年（公元前351年），商鞅率领大军攻至魏国河东郡，攻克了魏国的旧都安邑（今山西夏县），取得了可观的战果。次年，为进一步东进作准备，秦国将首都从雍（今陕西凤翔）东迁到咸阳（今陕西咸阳北）。这里既靠近渭河，物产丰饶，便于交通及大河运输、又远离旧都，有利于摆脱旧贵族的传统势力，便于推行新法。

迁都数年后，秦国的国力日渐富强，"天子致胙于孝公，诸侯毕贺"。之后，秦国继续择机对魏国用兵。孝公二十一年（公元前341年），商鞅利用魏军败于齐国之机，率兵伐魏，尽取河西之地。孝公非常高兴，封商鞅于商于十五邑，商鞅自此号称为商君。

秦孝公十二年（公元前350年），商鞅在孝公支持下，主持了秦国的第二次变法，其中一项重要的变法内容是"为田开阡陌封疆"，即"废井田开阡陌"。

变法之前，秦国仍沿用古老的井田制。井田制产生于原始社会末期的农村公社阶段，其形式是方块田，其实质是在"普天之下莫非王土"的原则下，平均分配使用土地。耕种者只有土地使用权，而无所有权。

这种井田制，耕种时有公田、私田之分。公田是为公共开支而设，"以供上帝山川百神之祀，以备百姓兆民之用，以待不庭、不虞之患"，由集体或轮流耕种。劳动者耕作私田积极性较高，耕作公田则消极怠工，出现了"公作则迟，私作则速"的局面，经常发生"田野卒荒"的情况。

由于战国时期铁制农具和牛耕的广泛使用，加速了井田之外私田的开垦，占有较多私田的人便成了新兴的地主，广大自耕农也要求合法占有和使用私田。原有的井田土地上的道路（阡陌）和田界（封疆）

成了新兴地主和农民扩大土地耕种面积的障碍，井田制下的生产关系压抑着劳动者的生产积极性。在这样的情况下，商鞅顺应历史发展的要求，大胆地改变古制，全面废除井田制，打破阡陌、封疆的局限，承认土地私有。

西汉董仲舒追述商鞅"废井田开阡陌"的改革时说："至秦则不然，用商鞅之法，改帝王之制，除井田，民得买卖。"商鞅的这项改革从根本上确立了土地私有制，激发了劳动者的生产积极性，有利于农业生产的发展，收到了富国的良好效果。

商鞅"废井田开阡陌"之后，秦国私有土地迅速发展，从而为土地兼并创造了条件。结果，"富者田连阡陌，贫者无立锥之地"，加速了土地私有者的两极分化，新兴的地主阶级与农民及其新的生产关系由此产生，最终推动了秦国从奴隶制社会向封建社会的转化，促进了历史的发展。

商鞅"废井田开阡陌"的变法，是一次适应历史发展规律的进步改革，它革除了秦国旧田制的弊病，为秦国的农业生产带来了生机，使秦国的生产力大大提高，生产关系优于东方六国，为以后秦始皇统一中国奠定了经济基础。

商鞅变法的成功，奠定了秦国帝业之基。虽然秦孝公死后商鞅被旧贵族酷杀，但由于他所制定的代表时代最进步的新法仍在实行，他所从事的改革事业仍在继续，最终使秦国在嬴政时完成了统一中国的千秋功业。

■故事感悟

变法的目的在于求新求变，从而达到民富国强的目的，商鞅正是以此为出发点，在政治、军事、经济等方面大胆创新。事实证明，商鞅的决策是对的。即便他因之牺牲，但他这种变法图强的精神却感动着亿万炎黄子孙，令人钦佩。

大良造

大良造是古代官职名称。

战国时期，大良造为秦国的最高官职，掌握着军政大权，也被当作爵名。自秦国商鞅变法后，以赏军功，共分二十级：一公士，二上造，三簪袅，四不更，五大夫，六官大夫，七公大夫，八公乘，九五大夫，十左庶长，十一右庶长，十二左更，十三中更，十四右更，十五少上造，十六大上造，十七驷车庶长，十八大庶长，十九关内侯，二十彻侯。据考证，大良造与第十五级少上造均取"主上造之士"之意得名。自从秦惠王设立相国，掌握军政大权后，大良造便主要用作爵名。

汉代时期依然沿用大良造这一称号。据史料记载，战国时期的商鞅和白起都曾经担任过大良造这个职务。

秦始皇统一改革

　　秦始皇（公元前259—前210），嬴姓，赵氏，名政（正），秦庄襄王之子，出生于赵国都城邯郸（今河北省邯郸市），是中国历史上第一个大一统王朝——秦王朝的开国皇帝。公元前247年，嬴政13岁即王位，因年幼，朝政由太后和相邦吕不韦及嫪毐掌管。公元前238年，秦始皇22岁时，在故都雍城举行了国君成人加冕仪式，开始"亲理朝政"，之后，除掉吕不韦、嫪毐等人，重用李斯、尉缭。他自公元前230年至前221年，先后灭韩、赵、魏、楚、燕、齐六国，39岁时完成了统一国家大业，对中国和世界的历史均产生了深远而重大的影响，被明代思想家李贽誉为"千古一帝"。

　　公元前221年，秦王嬴政以秋风扫落叶之势，歼灭了六国，完成了全国的统一。可是在当初，如何巩固这个统一局面，成为摆在新兴的秦王朝面前的重大课题。

　　如果继续分封诸侯，建立封国，是既现成而又有前例可循的一条驾轻就熟的老路。因为从公元前11世纪周灭商，武王、成王和周公旦实行大分封以来，国家一直以分封制作为主要政治制度。而以亲属关系、血缘关系为政治的纽带维系，则是这种封国制度的最大特点。

该制度在最初是适应当时历史情况的。西周国家疆土的迅速开辟，各地经济的急速发展，在一定程度上维持了全国安定的政治局面，在相当长一段时间里，这种制度都起了积极作用。但是，血缘关系终究脆弱，到了春秋时期，大国争霸迭起，周天子衰微，礼崩乐坏，国家分崩离析。公元前475年，历史进入战国时期，齐、楚、燕、韩、赵、魏、秦"七雄"并立，更是在全国演变成了一个封建割据分裂、战祸不已的历史局面。

为了解决这个关系国家的大问题，在秦灭六国的第一年，秦始皇并没有因循旧制，而是锐意革新。他亲自主持中央一级的官员进行了一场大辩论。

辩论一方是以丞相王绾为首的大多数官员，他们坚持按照西周以来分封子弟同姓，建立诸侯国的办法统治全国，尤其是借以加强对燕、齐、荆楚这样边远地区的控制。而另一方则是以廷尉李斯为主的少数派，力主在全国实行郡县制度，废除分封，以彻底消灭战国以来的战祸根源，维护全国安宁一统的局面。秦始皇果断地支持了李斯的意见，表示"廷尉议是"。从此，全国分为36个郡，以后又扩大到四十多个郡，郡下设县，推行郡县制度于全国。

按照秦例，郡设置郡守，县设置县令或县长，专一治理一郡一县的政务。他们大部分由皇帝任免，对皇帝负责；每个官员与封国的诸侯不同，只有俸禄而无封地。这样，一个中央集权的封建国家制度确立起来。

但是，天下并没有就此风平浪静，不久，围绕着是倒退到分封制还是坚持推行郡县制，在秦王朝统治阶层内部又一次展开了大辩论，掀起了一场轩然大波。结果，秦始皇再次肯定了李斯等人的意见，坚定地把废除分封制、实行郡县制度推行到底。

秦始皇在公元前221年先后灭掉韩、赵、魏、楚、燕、齐六国，完成了全国的统一，这无疑是一个历史性的伟大进步。但是，国家分裂割据状态的结束，并不意味着一切都会马上好起来，尤其在交通、信息都不发达的古代，就更是如此。要想巩固统一局面，还有许多事情要做。其中，度量衡、货币，特别是文字的统一，就是其中一项十分繁重的工作。

面对着这三种杂乱现状，秦始皇以其独有的魄力对这些毅然进行了大刀阔斧的改革，将原本不统一的度量衡、货币和文字，用行政命令将其统一起来。

秦始皇于秦王政二十六年（公元前221年）颁发诏书："廿六年，皇帝尽并兼天下诸侯，黔首大安，立号为皇帝。乃诏丞相状、绾，法度量则不一歉疑者，皆明一之。"这个统一度量衡的诏书，当时被铭刻在政府所制作的各种度量衡器物上，发至全国，以其作为标准器。

按照秦制，统一后的度量衡，"度"一律用寸、尺、丈、引为单位，皆取十进位制；"量"用桶（斛）、斗、升、合、龠为单位，除二龠为一合外，其余亦皆以十进位；"衡"以铢、两、斤、钧、石作单位，24铢为一两，16两为一斤，30斤为一钧，4钧为一石。

在货币上，正如《史记》卷三十《平准书》所记："及至秦中，一国之币为二等，黄金以镒名，为上币；铜钱识曰半两，重如其文，为下币。而珠玉、龟贝、银锡之属，为器饰宝藏，不为币。"明令六国各异的货币一律禁止使用。

公元前221年，秦始皇还下令废除各国的异字，并将秦国的小篆作为统一的书体，在全国推行使用。

可以说，统一度量衡和货币，特别是文字的统一，是秦始皇统一全国后的一项重大的改革措施。它对于巩固全国统一的局面，加强各个地区经济、文化的交往，实在是功莫大焉！

■故事感悟

当国家百废待兴之时，变革是无法回避的，然而如何革新是一个值得思量的问题。秦始皇以敢为天下先的魄力，分别在文字、货币、度量衡等方面予以变革，从而稳定了国家局势，使国家呈现出空前的大一统。他的这种魄力以及变革的精神令人钦佩。

■史海撷英

秦灭魏国

公元前231年，魏景湣王迫于秦国的强大威力，主动向秦献出丽邑，以求秦国缓兵。

此时，秦王嬴政正在调集兵力，准备向赵国发起进攻，因此不想分散兵力攻魏，所以就接受了魏国的献地。这也使得魏国又维持了数年的残局。

公元前225年（秦王政二十二年），秦军主力南下攻楚之时，秦王嬴政派出年轻的将领王贲率军围攻魏都大梁（今河南开封）。魏军紧闭城门，坚守不出。由于大梁城防经过多年的修建，异常坚固，秦军强攻不下，于是王贲想出了用水攻的办法。秦军大批士卒被安排去挖掘渠道，将黄河、鸿沟的水引来，灌注到大梁。三个月后，魏国国都大梁的城墙壁垒全被浸坍，魏王假只得投降。至此，魏国被秦国所灭。

■文苑拾萃

小 篆

小篆是一种字体。它是在秦始皇统一六国后（公元前221年），在秦国原来使用的大篆籀文的基础上，进行适当的简化，取消了其他六国的异体字，创制的统一的汉字文字书写形式。

　　小篆一直流行到西汉末年（约公元8年），才逐渐被隶书所取代。但由于小篆字体优美，故而始终被书法家所青睐；又因为小篆的笔画复杂，形式奇古，而且可以随意添加曲折，一直被古人使用。印章刻制上，尤其是需要防伪的官方印章，一直采用篆书，直到封建王朝覆灭，近代新防伪技术出现，它才逐渐被取代。

晁错"削藩"主张

晁错(公元前200—前154),颍川(今河南禹州)人。晁错年轻时学习法家学说,汉文帝时为太子家令,有辩才,号称"智囊"。汉景帝时为内史,后升迁御史大夫。晁错曾多次上书主张加强中央集权、削减诸侯封地、重农贵粟。吴、楚等七国叛乱时,他被景帝错杀。晁错的经济思想散见于《汉书》的《食货志》《袁盎晁错传》等篇。

晁错是西汉前期著名的政论家和改革家。他初学申不害、商鞅法家学说,后治儒学。在其为官过程中,针对当时的社会矛盾,他提出了"入粟拜爵"、募民实边、削夺诸侯王国封地等多项改革主张,以巩固中央集权。

汉高祖刘邦建国后,以"海内新定,同姓寡少,惩戒亡秦孤立之败,于是割裂疆土,立二等之爵。功臣侯者,百有余邑;尊王子弟,大启九国"。于是自关以东,藩封错列,诸侯王国,"大者夸州兼郡,连城数十"。

封藩之后,中央直辖地区则只"有三河、东郡、颍川、南阳,自江陵以西至巴蜀，北自云中至陇西，与京师内史，凡十五郡"而已。十五郡之中，又有列侯公主食邑插置其中，诸侯势力大有强于中央政权之势。到文帝、景帝时，诸王已目无法纪，愈益骄横，完全成为与中央政权相抗衡的力量。

面对专横的诸侯势力，御史大夫晁错不畏强暴，以加强中央集权为己任，力劝汉景帝彻底削藩，以绝后患。晁错首先建议"请诸侯之罪过，削其支郡"，即以诸侯微罪而削其地。随后，向景帝提出削藩之策三十章，引起诸侯喧哗。晁错父亲闻讯后，至京师劝晁错放弃削藩，晁错说："不如此，天子不尊，宗庙不安"。他的父亲说，你这样做之后，"刘氏安矣，而晁氏危"，"吾不忍见祸逮身"，遂饮药而死。父亲死后，晁错仍以朝廷为重，主持削夺了楚王戊、胶西王卬、赵王遂的部分封地。

汉景帝前元三年（公元前154年），晁错又建议削吴（吴王），他说："昔高帝初定天下，昆弟少，诸子弱，大封同姓，故孽子悼惠王王齐七十二城，庶弟元王王楚四十城，兄子王吴五十余城。封三庶孽，分天下半。今吴王前有太子之隙，诈称病不朝，于古法当诛。今削之亦反，不削亦反。削之，其反亟，祸小；不削之，其反迟，祸大。"

晁错说服汉景帝彻底削藩，痛厘祖制，但景帝未立即采纳晁错的建议。

吴王刘濞听说自己将被削藩，便先发制人，联合胶西、楚、赵、济南、菑川、胶东六王，以诛晁错为名，举兵京师，发动了"七国之乱"。开始时，汉景帝不以兵镇压叛乱，反而听信谗言，斩杀了御史大夫晁错，"以谢七国"。然而在诛斩晁错之后，七国仍聚兵不退，景帝这才派大将周亚夫率军，经三个月的力战，平定了叛乱。

■故事感悟

晁错的"削藩"建议切中了矛盾要害，有利于巩固中央集权。他的"削之亦反，不削亦反"的论断，表现了一位政治家的远见。虽然他未酬壮志身先死，却留下了勇于改革的英名。

■史海撷英

《言兵事疏》

《言兵事疏》是西汉文景时期的政论家、号称"智囊"的晁错所写的一篇兵法力作，将古代的兵法推向了一个新的巅峰。

书中见解独到，有着深刻的历史依据和坚实的现实基础，并具有较强的可操作性，对汉朝的边防巩固起到了巨大的作用，同时也被后来历代军事思想家所借鉴和应用。

■文苑拾萃

咏史上·晁错

（宋）陈普

谁人能夺伯氏邑，何德敢骤三子都。
内史自侵汉家庙，未须削楚更衰吴。

北魏孝文帝行"均田制"

北魏孝文帝拓跋宏（467—499），鲜卑族，我国少数民族卓越的政治家、军事家和改革家。孝文帝崇尚中原文化，实行汉化，禁胡服、胡语，改变度量衡，推广教育，改变姓氏并禁止归葬，提高了鲜卑人的文化水准。孝文帝一生的主要成就是通过改革促进了民族大融合。

　　北魏孝文帝太和九年（485年）下令实行"均田制"，这是中国古代土地制度史上的一次重大革新。从此，这一新的土地制度历经北魏、北齐、北周、隋、唐等朝代，实行了将近300年，直到唐建中元年（780年）颁行"两税法"时才宣告结束。这是我国封建社会中的一项重要的土地制度。

　　北魏孝文帝为什么要进行土地制度改革，实行新的均田制度呢？这与北魏前期的土地占有和户口荫庇的情况有直接关系。北魏系鲜卑拓跋部所建王朝，他们从大兴安岭一带迁到漠南一带时，还过着游牧生活。由于与汉族的接触，他们逐步向农耕生活转变。进入中原以后，他们的经济生活已经转变为以农业生产为主。

均田制是在北魏早先实行的"计口授田"的基础上逐步发展形成的。与此同时，均田制也吸收了前代中原王朝的土田制度和政策，以拓跋鲜卑的新血液，借鉴和取法于传统的旧事物，融合发展而形成的新田制。

太和九年，魏孝文帝颁布了均田诏书，随后还颁布了均田法令，"下诏均给天下民田"，对北魏境内的公田实行一次大规模的分配。

从"均田法令"的主要内容看出以下几点。

其一，北魏政府授给百姓的田有露田、桑田、麻田和园宅田四种。露田是不栽树而种植谷物的土地，男子40亩，妇人20亩。在适宜种桑养蚕的地区，男子可受桑田20亩，在适宜种麻的地方，男子给麻田40亩，妇人5亩，再给予一亩地以种植榆枣等树木。园宅田方面，原来有屋宅的，不再分配宅田；倘若移居新址，三口给宅田一亩。在宅田之上，划出五分之一亩的土地种植蔬菜。

其二，均田制是带有村社性质的一种封建土地所有制，说明这是鲜卑拓跋部初入中原时土地私有观念不明确，村社公有制残存的表现，也是中原国有土地长期存在的反映。

其三，法令规定奴婢可以同平民一样受田，其目的是维护大地主和奴隶主的利益。因为当时北魏的大官僚大地主都拥有许多奴婢，奴婢与平民一样受田，这些土地当然都归大官僚地主和奴隶主所有，而均田令又没有对受田奴婢有人数上的限制，更是使官僚地主们可以得到大量的土地。由此可见，均田制从一推行开始，就是不公平的，它使广有奴、牛的鲜卑贵族和中原世家大族、地主获益最多。所以均田制能在中原地区推行无阻，不致遭受鲜卑贵族和汉族世家大族的坚决反对，其主要原因正在于此。

其四，法令还规定了丁男、妇人受田的最高限额，以及同时受田时

"先贫后富"的原则，这些都有限制豪强兼并的用意。法令还对耕地不敷分配时鼓励农民去空旷荒僻之地开荒，鼓励种植木本经济林等作了规定，这些都有其积极意义。

均田法令颁布以后，逐步推行于北魏全境，对促进农业生产起到了积极的作用。

首先，均田制对于恢复和发展生产起了一定的作用。施行均田制以后，北魏统治者把无主荒地和国有公田给予农民耕种，使广大无地少地和浮游人户可以得到一小块土地，达到了把广大农民固着于土地上的目的，因而使农业生产得到了发展。

其次，均田制施行以后，北魏的户口大为增加。均田制使广大小农有了一块可耕的土地，使社会浮游人口和隐冒之户大多被纳入均田农民之中，国家控制的户口大增，加上农业和社会经济的发展，人口也有所增加，使整个北魏统治区的户口数有了很大的增长。

第三，均田制施行以后，北魏政府的国库收入大为增加。实行均田制的主要目的是把广大农民固定于土地上，以增加政府的租税剥削。户口的增加和农业生产的发展，使国家可以获得更多的租赋，北魏政府的国库被大大充实。

第四，均田制虽有限制豪强兼并的目的，实施以后也进行了一些抑制兼并的工作，但是，均田制并没有触动地主阶级的特权，他们依然可以强买豪夺，广占田地。

总体来说，均田制是在当时的历史条件下把农民束缚于土地上，以发展农业、增加生产、增加封建政府财政收入的好办法，因此它不仅在北魏时起了积极作用，同时被以后的多个王朝所沿用，在中国古代田制史上占有重要的地位。

□故事感悟

凡是能够推动生产力发展与历史进步的变革都是进步的，即顺势而变。可以说，改革是历史的必然，抛弃潮流注定要以失败而告终，在历史上诸如此类的案例比比皆是。孝文帝在该方面为后人作出了榜样，值得后人学习。

□史海撷英

鲜卑族

鲜卑族是我国古代北方阿尔泰语系的游牧民族。鲜卑族原属于东胡部落，兴起于大兴安岭山脉，其先世是商代东胡族的一支。秦汉时期，鲜卑族从大兴安岭一带南迁到西拉木伦河流域，曾归附东汉。匈奴西迁之后，鲜卑尽有其故地，留在漠北的10多万户匈奴均并入鲜卑，势力逐渐强盛。

二世纪中期，鲜卑民族中涌现出了一位有勇有谋的首领——檀石槐。在檀石槐的带领下，鲜卑族不断壮大，并统一了鲜卑诸部，建牙帐于高柳（今山西阳高县）北300余里的弹汗山（今内蒙古商都县附近）仇水（今东洋河）。随后，檀石槐又率部北拒丁零，东败扶余，西击乌孙，南扰汉边，尽收匈奴故地，建立了一个强大的军事联盟。

然而，该联盟也随着檀石槐的死而逐渐瓦解，继起的则是不断强大的拓跋鲜卑。

宇文泰建立"府兵制"

宇文泰（507—556），字黑獭，代郡武川（今内蒙古武川西）人，鲜卑族，西魏王朝的建立者和实际统治者，北周禅代西魏后，追尊为文王，庙号太祖，武成元年（559年）追尊为文皇帝。宇文泰是杰出的军事家、军事改革家和统帅。

西魏大统（535—551年）年间到唐朝天宝（742—756年）年间的200多年中，我国封建社会中曾实行过一种特殊的兵制——府兵制，它不仅使西魏及其后的北周最终战胜了东魏和北齐，统一了南北，而且对于隋、唐王朝的强盛产生了积极的影响。府兵制的创始人就是宇文泰。

宇文泰是代郡武川（今内蒙古武川西）人，出身于北魏边镇下级军官。18岁时，宇文泰被河北起义首领葛荣任为部将，后转投贺拔岳，随同入关，镇压关陇人民起义。

永熙三年（534年），贺拔岳死后，宇文泰被诸将拥立为主帅，占据关中，迎奉魏孝武帝，定都长安，建立西魏。后来，他毒死孝武帝，另立元宝矩，以丞相、尚书令、大冢宰控制朝政。在执政期间，宇文泰锐意改革，多有创新，府兵制就是他所推行的重要革新措施之一。

府兵制是因设立军事组织单位"兵府"而得名。宇文泰赖以起家的武装力量,是贺拔岳遗留给他的以武川镇兵户为骨干的军团,这一军团人数不过数千人。再加上侯莫陈悦军团中倒戈过来的李弼部队1万人,以及魏孝武帝从洛阳入关时所带宿卫禁旅"不能万人"。这三部分合起来不到3万人,这就是西魏的全部武装力量。

大统三年(537年),西魏文帝任命宇文泰为柱国大将军、都督中外诸军事,成为西魏政权中实际的最高统帅。为了管理这支军队,大统八年(542年)三月,宇文泰成立六军,任命赵贵、李虎、李弼、于谨、独孤信、侯莫陈崇等六人为柱国大将军。大统十四年(548年),他又任命西魏宗室广陵王元欣为柱国大将军。

八位柱国大将军,除宇文泰是最高统帅外,实际统兵将领是六个柱国大将军。在每个柱国大将军之下,有两个大将军,共十二个大将军。每个大将军下,有两个开府,共二十四个开府,是为二十四军;每个开府之下,又有两个仪同,共四十八个仪同;一个仪同率领士兵1000人,一个开府率领士兵2000人,一个大将军率领士兵4000人,一个柱国大将军率领士兵8000人。六个柱国合起来共有士兵48000人。这与《邺侯家传》记载西魏初期府兵"六柱国共有众不满五万"的说法大致相同。这支军队就是历史上所说的"府兵"。

府兵的最大特点就是兵权归中央统一指挥和训练。东汉末年以来,地主阶级的武装力量是分散而不统一的,地方豪强大族拥有自己的部曲私兵,与朝廷分庭抗礼。尤其在战乱之后,这种部曲私兵发展迅速,中央政府不能控制他们。这种情况到北朝时期仍然如此。西魏时,这种地方武装叫作乡兵。宇文泰通过建立府兵制,成功地把乡兵纳入府兵,而使之成为由中央统一指挥的军队。可以说,自东汉末年以来,地方武装割据势力长期占居主导地位,宇文泰完成了地主阶级武装力量的统一,是历史上一个不小的进步。

后来，宇文泰又从"六户中等以上"多丁的富户中挑选身强力壮的人当兵，免除他们的租调和徭役，进一步扩大了兵源。北周取代西魏以后，建德二年（573年）"改军士为侍官，募百姓充之，除其县籍。是后，夏人半为兵矣"。从此，均田农民开始成为府兵，兵源更加扩大，府兵制向前跨了大大的一步。原来被地方大族所控制的农民，现在直接为朝廷所掌握了。这是我国的兵制自东汉末年以来的一个大变化。

自宇文泰创建府兵制以后，后继者又不断对它进行改革完善，原来军事力量劣于东魏、北齐的西魏、北周，日益强大并压倒对手。北周时府兵也扩展到20万众，终于消灭了北齐，统一了北方。到隋文帝时，府兵发展到50万人，最终消灭了南方的陈朝，统一了全国。这支军队成为日后隋唐王朝的主要军事力量，是隋唐王朝强盛的主要支柱。

■故事感悟

一个有力的制度胜过千军万马，宇文泰用事实向后人证明了这一点。众所周知，变革的目的在于图强。宇文泰及其后继者通过不断地进行制度改革与完善，逐步消灭了北齐，进而统一了全国。时至今日，其做法仍具有积极意义。

■史海撷英

徭　役

徭役指的是我国古代统治者强迫平民从事的无偿劳动，包括力役、杂役、军役等。

徭役始于先秦时期，汉代沿袭秦制，有更役、正卒、戍卒等，并可纳钱代役，称为"更赋"，徭役集中于平民身上。魏晋以后，徭役没有统一的制度。为了逃避赋役，民户逃亡现象严重。

唐朝初年，徭役有所减轻，但中期以后，徭役又开始增加，民户再次大量逃亡。宋代开始出现了募役（雇人服役）、助役（津贴应役者）、义役（买田以供役者）等形式。元代施行"科差"制度，并有各项杂役。明代实行"一条鞭法"，将赋役合并为征收银两。而清代"摊丁入地"，继承了"一条鞭法"的原则，由传统的以家资列户派役向财产税转化。

苏绰"六条书"论改革

苏绰（498—546），字令绰，京兆武功（今陕西武功西）人，南北朝时期西魏大臣。大统十一年（545年），授大行台度支尚书，领著作，兼司农卿。苏绰死后，宇文泰为尊重其品德，从简安葬。苏绰著有《佛性论》《七经论》。

宇文泰建立西魏政权以后，为了富国强兵，大力进行改革，其内容包括政治、军事、经济、文化各个方面，改革的方向是进一步汉化，实质上是北魏孝文帝改革的继续和深化。这场改革运动的主要策划者就是苏绰。

苏绰"少好学，博览群书，尤善算术"，后来，他的从兄苏让把他推荐给宇文泰，宇文泰任命他为行台郎中。但是，苏绰的才华并未引起宇文泰的注意。然而，当时诸曹官员有疑难的事情都向苏绰请教，所行公文也是苏绰帮助制订条式。

大统元年（535年），宇文泰推行改革。这时，宇文泰发现了苏绰的才能，两个人一拍即合。从此，苏绰受到宇文泰的重用，大力协助宇文泰推行改革大业。苏绰在政治、经济制度方面进行了多项革新。

苏绰对当时社会经济、政治制度方面存在的问题十分关注，"又为六条诏书，奏施行之"。这著名的"六条书"是苏绰关于政治、经济改革的纲领。其主要内容有以下几点。

其一，先治心。"凡治民之体，先当治心。"怎样"治心"呢？要求宰守之官不仅"不贪货财"，还要无"邪僻之虑"，能"率至公之理以临其民"，不仅要求百官这样做，还要求国君也要做出表率。

其二，敦教化。他针对"世道凋丧，已数百年。大乱滋甚，且二十岁。民不见德，唯兵革是闻；上无教化，惟刑罚是用。而中兴始尔，大难未平，加之以师旅，因之以饥馑，凡百草创，率多权宜。致使礼让弗兴，风俗未改"的社会情况，主张"教之以孝悌，使民慈爱；教之于仁顺，使民和睦；教之于礼义，使民敬让"。他认为，"先王之所以移风易俗，还淳反素，垂拱而治天下以至太平者，莫不由此"。这是在社会风气和风俗方面进行改革。

其三，尽地利。规定"诸州郡县，每至岁首，必戒敕部民，无问少长，但能操持农器者，皆令就田，垦发以时，勿失其所。及布种既讫，嘉苗须理，麦秋在野，蚕停于室，若此之时，皆宣少长悉力，男女并功，若援溺、救火、寇盗之将至，然后可使农夫不废其业，蚕妇得就其功"。这是鼓励耕垦，搞好农副业生产的措施。而"若有游手怠惰，早归晚出，好逸恶劳，不勤事业者，则正长牒各郡县，守令随事加罚，罪一劝百"。即严厉惩处怠于耕垦者。如果是"单劣之户，及无牛之家，劝令有无相通，使得兼济"，继续发扬北魏前期已有的互助传统。除了发展农耕和蚕织之外，还要"教民种桑、植果，艺其菜蔬，修其园圃，畜育鸡豚"，进行多种经营。

其四，擢贤良。苏绰主张改革当时的门阀政治，提出"唯才是举"。

苏绰"罢门资之制"的主张，是对"九品中正制"的一次有力的否定，为日后废除九品中正制、实行科举制做了一定的准备工作。

其五，恤狱讼。苏绰揭露当时刑罚中存在的严重问题，针对当时官吏执法普遍存在宁酷勿宽的情况，主张"明慎庶狱，刑罚得当。"

其六，均赋役。针对当时赋税征收中"舍豪强而征贫弱"，"纵奸巧而困愚拙"，以及"差发徭役，多不存意，致令贫弱者或重徭而远戍，富强者或轻使而近防"等不公平现象，主张改革赋税征收办法，做到"平均"。什么叫"平均"呢？"夫平均者，不舍豪强而征贫弱，不纵奸巧而困愚拙，此之谓均也"。当时西魏实行均田制度，并有了相应的赋税征收制度。苏绰认为，"租税之时，虽有大式，至于斟酌贫富，差次先后，皆事起于正长，而系之于守令"。因此，地方官吏必须"斟酌得所"才能真正做到"均平"。

苏绰的"六条诏书"涉及当时政治、经济制度的各方面问题，是一个全面系统、互相关联的改革方案。上奏之后，宇文泰非常重视，于是"六条诏书"成了当时西魏统治集团治国临民的纲领。正是在苏绰的大力协助下，宇文泰进行了一系列改革，达到了富国强兵的目的，原本落后虚弱的西魏迅速强大。

553年，西魏攻取巴蜀；554年，攻破江陵，杀梁元帝萧绎。西魏的疆土已扩展到今四川、湖北一带，并为日后北周灭北齐打下了坚实的基础。

■故事感悟

时局多变，如何从万千现实矛盾中找到一个突破口，进而对社会的格局进行调整，苏绰为后人作出了榜样。推而广之，在现实生活中也是这样，这就对人们的明辨力、判断力以及执行力提出了更高的要求，值得后人反思。

《六条诏书》节选之敦教化

（南北朝）苏绰

教之以孝悌，使民慈爱；教之以仁顺，使民和睦；教之以礼义，使民敬让。慈爱则不遗其亲，和睦则无怨于人，敬让则不竞于物。三者既备，则王道成矣。

隋文帝改革典章制

隋文帝（541—604），杨坚，弘农郡华阴（今陕西省华阴市）人，鲜卑赐姓普六茹，小字那罗延。隋文帝是隋朝的开国皇帝，其父杨忠是西魏和北周的军事贵族，北周武帝时官至柱国大将军，封为隋国公，杨坚承袭父爵。隋文帝在位期间成功地统一了分裂百余年的中国，开创了先进的选官制度，发展文化、经济，使当时的中国成为盛世之国。文帝在位期间，隋朝开皇年间疆域辽阔，人口达到700余万户，是中国历史上农耕文明的巅峰时期。杨坚是西方人眼中最伟大的中国皇帝，被尊为"圣人可汗"。

　　隋文帝杨坚是我国古代历史上一位很有作为的封建帝王，而他锐意改革典章制度的行为，更是值得称道。

　　开皇元年（581年），杨坚刚刚即帝位时，便采纳了小内史崔仲方的建议，废除了原来北周的"六官"，建立三省六部制。其中，三省包括内史省、门下省和尚书省。内史、门下二省是中枢机关，内史省长官为内史令，负责决策；门下省长官为纳言（因避父讳由侍中改名），负责审议。尚书省是行政机关，长官为尚书令，副长官为左、右仆射，负责执行。三省长官同为宰相。尚书省下置吏部、礼部、兵部、都官（后改称刑部）、度支（后改称户部）、工部六部尚书，每部又辖四司，共24司。六部分管选任官员、礼宾仪制、军政军需、司法刑狱、钱粮户籍和工程营建等各项具体行政事务。

三省六部制组织严密、分工明确，最后集权于最高统治者皇帝，是比秦汉的三公九卿制更加成熟的中央集权政治制度。隋文帝杨坚总结了魏晋以来政治制度发展的成果，确立三省六部的体制具有十分重要的意义。

除此之外，隋文帝还大力改革地方行政制度，裁撤并省州、郡、县，这样便淘汰了数万名冗官，节省了大量的国家开支，相应地也减轻了百姓的负担。

隋文帝改革典章制度的另一个重要内容就是改革刑法，制定新律。当时，国家法律非常严密，刑法也十分严酷。北齐时期，死刑就有车裂、枭首、斩、绞四种；北周又有磬、枭首、斩、绞、车裂五种。审讯时往往很少依律文，只靠严刑拷打，"车辐駮杖，夹指压踝，又立之烧犁耳上，或使以臂贯烧车缸"，无所不用其极，以逼取口供。

开皇元年（581年），隋文帝命高须、裴政等人制定新律。新律废除了枭首、车裂、鞭法和宫刑，死刑只保留了绞、斩两种。其余以轻代重、化死为生的条目很多。同时还废止了审讯时所用酷法，拷答不得超过200下。

此外，隋文帝对选官、府兵、礼乐等典章制度也进行了改革。

相比之下，科举制的创立则是我国古代历史上的一项重大变革。

魏晋以后，九品中正制逐渐蜕化为门阀士族维护特权的工具。中正之职均由士族担任，中正选人定品又唯问门第高低。在这种封建制度下，门阀士族往往把持选官，高门子弟自可平步青云，坐至公卿，而出身寒微的人，即使才华出众也难有出头之日。九品中正制越来越成为阻碍社会进步的腐朽制度，这引起了统治阶级中一些有识之士的强烈不满。

开皇三年（583年），隋文帝正式废除了沿袭300多年的九品中正制，剥夺了中正品第选官之权。在废除九品中正制后，他又采取州贡士、国子为荐举和官吏举人等措施选举官吏。

开皇七年（587年），文帝下令诸州每年贡士三人。开皇九年，他又宣布偃武修文，大办学校。当时，京城设立国子学、太学、四门学，州县也普遍立学。国子学的学生将近千人，文帝还曾经亲临国子学视察，并令荐举能通一部儒经的学生。被推荐的士子都要参加秀才或明经二科的考试。秀才科的考试极难，应试者很少。

有一年，全国唯有杜正玄一人考取了秀才，试策获高第。然而左仆射杨素却发怒说："周、孔更生，尚不得为秀才，刺史何忽妄举此人，可附下考。"他随手就把杜正玄的试卷扔在一边，一眼都没看。

后来，杜正玄加试杂文时，杨素出的是拟作《司马相如上林赋》《王褒圣主得贤臣颂》《班固燕然山铭》《张载剑阁铭》《白鹦鹉赋》等难题，并说："我不能为君住宿，可至未时令就。"

杨素本以为可以难倒杜正玄，不料杜正玄却准时交卷。杨素连读数遍，十分惊讶地说："诚好秀才！"

当时能够达到杜正玄的水平的人寥若晨星，于是隋炀帝又增设了进士科，降低了录取标准。进士科对后世的影响很大，其设立可以说是科举制确立的标志。

开皇十八年（598年），隋文帝诏令五品以上的京官和总管、刺史等地方官，以志行修谨、清平干济两科举人。大业三年（607年），隋炀帝又规定：以孝悌有闻、德行敦厚、节义可称、操履清洁、强毅正直、执宪不挠、学业优敏、文才美秀、才堪将略、膂力骁壮等名目设十科举人；大业五年，又以学业该通、才艺优洽、膂力骁壮、超绝等伦、在官勤奋、堪理政事、立性正直、不避强御等名目设八科举人。

虽然隋代的科举制还处于初创阶段，但这一改革的意义重大而深远。它终于打破了门阀士族对政权的垄断，使寒门子弟获得了仕进的机会，有利于人才的发现，也有利于封建王朝中央集权的加强。

隋朝虽然短命，但它在典章制度方面的建树功绩辉煌，这与隋文帝杨坚的雄才大略分不开。

■故事感悟

一个国家的文化创造力建立在客观精神之上，因袭前人的智慧，并在此基础上锐意革新，合理地继承和发展政治制度、法律制度，开创科举制度。隋文帝敢为人先，在变法图强方面起到了表率作用。

■文苑拾萃

《开皇律》

《开皇律》是隋文帝杨坚于开皇元年（581 年）颁发的新律。针对北周刑法过于繁杂苛酷的现象，隋文帝命高颎、郑译、杨素、裴政等人，在北魏、北周旧律的基础上所改定的新律。

《开皇律》共 12 篇，计 500 条，其篇目为：名例、卫禁、职制、户婚、厩库、擅兴、贼盗、斗讼、诈伪、杂、捕亡、断狱。《开皇律》删去了死罪 81 条、流罪 154 条、徒杖罪 1000 余条，其篇目与基本内容等都以北齐律为蓝本，即所谓"多采后齐之制"。

　　《开皇律》上承汉律的源流，下开唐律的先河，在我国古代历史上占有重要的地位。然而，制定《开皇律》的根本目的是维护封建统治者的需要和地主阶级的利益，因此贵族官僚在法律中依然享有一定的特权。

唐朝"永贞革新"

王叔文（753—806），越州山阴人（今绍兴），唐朝中期著名政治改革家，历任苏州司功，善围棋。唐德宗时，王叔文担任太子李诵的侍读，贞元二十一年（805年）正月，太子李诵顺宗即位。安史之乱以后，宦官专政，藩镇割据，顺宗任命王叔文为翰林学士，实行改革。不久，俱文珍等利用顺宗患中风不语病重之时，拥立太子李纯为皇帝（宪宗），顺宗被迫退位。王叔文等人也因此失势，都被贬逐，王叔文被贬为渝州司户，元和元年（806年）被赐死。

　　唐朝自贞元（785—805年）以后，藩镇割据于外，宦官专权于内，唐德宗昏聩腐朽，斥逐忠良，宠信奸佞，贪婪无度，专事聚敛，导致国力日益衰微。

　　贞元末年，在太子李诵的周围开始形成一个革新派集团，其核心人物是王叔文、王伾，并称"二王"。

　　王叔文出身寒门，以擅长下围棋入翰林待诏。他读书注意研究历代的盛衰兴亡，被德宗选入东宫侍读。他一有机会，就给太子讲老百姓的疾苦。王伾也出身寒门，善书法，同样由翰林待诏入东宫侍读，教太子学习书法，颇受太子信赖。

有一次，太子李诵和侍从们在一起议论时政，谈到了"宫市"的弊病。

所谓"宫市"，就是宦官打着皇帝的旗号，在市场上敲诈勒索，巧取豪夺。当时宦官到市场上，往往用价值百钱的东西买人家值数千钱的东西。有时就给一件染过的旧衣或一块旧缯，反倒索要入门的进奉钱和雇人运送的脚钱。所以只要他们一出现，连那些卖浆卖饼的商户都关门了。

太子听后，愤愤然地说："我见到皇上后，一定极力劝谏。"在座的侍从都连连盛赞太子，唯独王叔文默不作声。

众人退出后，太子便问王叔文："大家都同意我的做法，唯独您不说话，难道是有别的意见吗？"

王叔文答道："我承蒙太子的信任和钟爱，只要有什么想法，哪敢不说出来。本朝制度，太子只需好好学习，不要多过问朝政。皇上在位已久，如果有人乘机挑拨离间，说殿下收揽人心，那怎么解释得清楚！"

太子听罢，恍然大悟，感动得掉下眼泪，说："如果不是先生提醒，我都没有想到这些呀。"

从此，太子更加器重王叔文，东宫的事都同他商量后才决定。"二王"志在辅佐太子李诵成就革新事业，非常留意朝中的才士。当时，柳宗元、刘禹锡、韦执谊、韩晔、韩泰等人都年轻有为，王叔文与他们交往甚密，他们对王叔文的学识也很佩服，彼此结下了深厚的友谊。

贞元二十一年（805年）正月，德宗驾崩，太子李诵继位，是为唐顺宗。顺宗从上一年九月患了中风后就不能说话了，因此大政实际上是由王叔文、王伾两人主持。王叔文任翰林学士，兼度支、盐铁副使；王伾任左散骑常侍、翰林学士。王叔文在翰林院决策，王伾则沟通与顺宗的联系。此外，韦执谊任宰相，柳宗元任礼部员外郎，刘禹锡任屯田员外郎，他们意气风发，以伊尹、周公、管仲、诸葛亮等历史上的著名政治家自诩，决心干一番大事业。

革新派大张旗鼓地革除贞元以来的弊政。二月，宣布废罢宫市，禁断宫中向寺观索要乳母和"五坊小儿"。原来，贞元中令寺观选送婢女入宫充乳母，名义上是买，但给的钱少，又嫌姿貌不称。寺观只得变卖产业买有姿色的女子送进宫中，僧众因此叫苦不迭。"五坊"即雕坊、鹘坊、鹞坊、鹰坊和狗坊，它们各有服役的人，俗称"小儿"。"五坊"以捕捉蓄养鹰犬鸟雀为事，供皇帝游猎消遣。

贞元末年，五坊小儿横暴闾里，诈取钱财。他们有时故意把罗网张挂在人家门上，不许出入；有时张挂在井口，不许汲水。倘若有人走近，就以吓跑供奉皇上的鸟雀为借口，拳打脚踢，直到那人拿出钱来求饶才罢手。他们时常三五成群到酒肆中大吃大喝，醉饱之后拂袖而去，店家如果不认识他们，向他们讨钱，便遭到一顿打骂。店家只得送钱送物哀求他们带走。索要乳母、"五坊小儿"和宫市是当时人人切齿的弊政，因此，当诏命发布时，僧俗无不喜笑颜开，额手称庆。

三月，革新派下令停止盐铁使的进献。盐铁收入本归国库，后风气渐坏，有的盐铁使为邀求恩宠，购买珍玩时新物品进献皇上，而德宗属意聚敛，来者不拒。各道盐铁使纷纷效仿，形成岁进钱物的惯例，名为"羡余"。到了贞元末年，竟然月月都要进献，而应当上缴的盐铁收入却一年比一年少。停止进献的措施有力地打击了贪污腐败的恶习，表现了革新派崭新的作风。不久，革新派放免后宫宫女300人，放免后宫和教坊女妓600人，听由她们的亲属领回。亲人们意外相聚，大喜而欢呼。

革新派在人事上也采取了坚决的措施，贬黜奸邪，平反冤狱。京兆尹李实自恃宗室，胡作非为。朝廷蠲免欠租，他却强令征收；京畿遭遇春旱，他却上奏说庄稼甚好，百姓只得拆房卖瓦、出售青苗去交税。当这个人人痛恨的酷吏被贬逐时，"市里欢呼"。

这些改革措施是在两三个月内完成，速度迅猛，因此触动了宦官和朝中保守派的利益，引起了他们的不安。于是，保守派到处散布流言蜚语，说王叔文掌握财政是为了收买军心，说革新派背着别人窃窃私语，肯定有不可告人的目的。侍御史窦群最先跳了出来，弹劾刘禹锡"扶邪乱政，不宜在朝"。顺宗久病不愈，给保守派卷土重来以可乘之机。他们谋划尽快把顺宗长子、反对改革的广陵王李纯立为太子，然后逼迫顺宗退位。宦官俱文珍、刘光琦等人故意把王叔文、王伾排除在外，只召集郑絪等翰林学士入金銮殿草拟册立太子的制书。郑絪只写"立嫡以长"呈送顺宗，顺宗点头。

四月，太子的册立仪式正式举行，保守派扬扬得意，弹冠相庆。在场的王叔文神色黯然，低声吟诵着杜甫《蜀相》的诗句："出师未捷身先死，长使英雄泪满襟！"

五月，革新派试图作最后一搏，夺取宦官掌握的禁军兵权，遂任命老将范希朝为京西神策诸行营节度使、韩泰为神策行营行军司马。起初，宦官尚未发觉，后来接到各将领的报告，说奉命归属范希朝指挥，才明白兵权将要被王叔文所夺，当即传令不可交出兵权。等范、韩赴奉天检阅时，却没有一支军队到来。

夺取兵权未成，王叔文的翰林学士却已被宦官免去了。接着，藩镇节度使们也加入攻击革新派的行列，并要求让皇太子主持朝政。八月，顺宗被迫退位，太子李纯即帝位，革新派立刻遭到贬逐。一场历时146天的"永贞革新"最终以失败告终。

■故事感悟

"永贞革新"留给后人的教训相当深刻，说明在改革变法的道路上充满了艰难险阻。改革者不仅要有敢于改革的胆识和策略，而且还要时时提防旧势力的反扑，切不可掉以轻心。

革新不仅需要眼光，更需要胆识与魄力，因为在变法过程中难免会触及到保守派的利益，甚至要付出丢掉性命这类惨痛的代价，比如王叔文。

■史海撷英

散骑常侍

散骑常侍是官名。汉代时期，散骑为皇帝的侍从。另外还有中常侍，性质与散骑常侍相同。东汉改以宦官任中常侍。魏文帝将散骑与中常侍合为一官，称散骑常侍，以士人任职。入则规谏过失，备皇帝顾问；出则骑马散从，资深者称祭酒散骑常侍。魏末增加名额，新增者为员外散骑常侍。

晋武帝即位后，令员外散骑常侍两人与散骑常侍共同轮流值班，称通直散骑常侍。魏、晋散骑常侍与侍中共平尚书奏事。散骑常侍本隶属门下省，南北朝属集书省。梁曾另设散骑省。隋属门下省。唐太宗曾以散骑常侍为散官，很快取消，复置为职事官。高宗显庆二年（657年）分为左右，左散骑常侍两人，正三品下，属门下省；右散骑常侍两人属中书省。同为职掌规谏过失、侍从顾问，并无实权，但为尊贵之官，常作为将相大臣的加官。宋不常置。辽属门下省。金、元不设。

陋室铭

（唐）刘禹锡

山不在高，有仙则名。

水不在深，有龙则灵。

斯是陋室，惟吾德馨。

苔痕上阶绿，草色入帘青。

谈笑有鸿儒，往来无白丁。

可以调素琴，阅金经。

无丝竹之乱耳，无案牍之劳形。

南阳诸葛庐，西蜀子云亭。

孔子云："何陋之有？"

范仲淹与庆历新政

范仲淹（989—1052），字希文，祖籍陕西彬州（今陕西省咸阳市彬县），生于苏州吴县（今江苏省苏州市）。范仲淹是北宋的政治家、文学家、军事家。真宗大中祥符八年（1015年），范仲淹考中进士，后官至参知政事（副宰相）。

北宋仁宗继位后，边患时常发生，财政困难日益严重，官僚贪污腐败之风迅速蔓延。虽然汴京的街市上常常车水马龙，熙熙攘攘，炫耀着富足和繁荣，但表面上的太平景象已经掩盖不住不断加深的社会危机了。

当时，朝野的有识之士要求改革的呼声日渐高涨，宋仁宗也不能无动于衷。庆历三年（1043年）四月，仁宗召范仲淹和韩琦进京，委以枢密副使之任。同年八月，又提拔范仲淹为参知政事（副宰相）。经过改组后的参政还有章得象、晏殊、韩琦、富弼等人，他们本来分属于中书省和枢密院"二府"，当时实行合并办公。"方锐意太平"的宋仁宗，特别对范仲淹寄予厚望，多次垂询改革方略。

范仲淹有志于改革已经17年了。天圣五年（1027年），范仲淹"上书择郡守、举县令、斥游惰、去冗僭、慎选举、抚将帅，凡万余言"。虽然他以天下为己任，满怀忧国忧民之情，但仕途坎坷，不仅意见未受到重视，还被讥为"迂阔"之言，加以朋党之罪，多次遭到贬谪。如今17年过去了，他所提出的问题一个也没有解决，而且愈演愈烈，"府库匮竭，民鲜盖藏，诛敛科索，殆无虚日，计度经费，二十倍于祖宗时"。吏治问题尤为严重，州官县官，十不得一，所至苛虐，盘剥百姓。范仲淹心情十分沉重，他感慨道："久安之弊，非朝夕可革也。"

此时的宋仁宗决心已下，亲书手诏督促范仲淹和富弼等宰辅，又在天章阁召见众宰辅，责成他们发表对国家大政的意见。范仲淹思虑再三，提出了十条建议。

一曰明黜陟，为重定文武百官磨勘，将以约滥进，责实效，使天下政事无不举也；

二曰抑侥幸，为重定文武百官恩荫，及不得陈乞馆阁职事，将以革滥赏、省冗官也；

三曰精贡举，为天下举人，先取履行，次取艺业，将以正教化之本，育卿士之才也；

四曰择官长，为举转运使、提点刑狱并州县长吏，将以正纲纪，去疾苦，救生民也；

五曰均公田，为天下官吏不廉则曲法，曲法则害民，请更赐均给公田，既使丰足，然后可以责士大夫之廉节，庶天下政平，百姓受赐也；

六曰厚农桑，为责诸道沟河并修江南旱田及诸路陂塘，仍行劝课之法，将以救水旱，丰稼穑，强国力也；

七曰修武备，为四方无事，京师少备，因循过日，天下可忧，请密定规制，相时而行，以卫宗社，以宁邦国也；

八曰减徭役，为天下徭役至繁，请依汉武故事，并合县邑，以省徭役，庶宽民力也；

九曰覃恩信，为赦书内宣布恩泽，未尝施行，并请放先朝欠员，以感天下之心也；

十曰重命令，为制书忽行，违者请重其法，以行天子之命也。

与此同时，韩琦也提出七条建议：一曰清政本；二曰念边计；三曰擢贤才；四曰备河北；五曰固河东；六曰收民心；七曰营洛邑。接着，他又补充了八条：选将帅，明按察，丰财利，遏侥幸，进能吏，退不才，谨入官，去冗食。仁宗十分信任范仲淹和韩琦，这些建议先后以诏书的形式颁布执行。

庆历新政实行不到一年，而且只是范仲淹、韩琦建议的一部分，就已经触犯了满朝权贵的特权。这时，支持改革的人们还在盼望进一步扩大改革成果，而"仲淹亦以天下为己任，与富弼日夜谋虑，兴致太平"，反对改革的权贵们就已经不能容忍了，便又拿出"朋党"的法宝，欲置范仲淹等人于死地。更为恶毒的是，他们造谣改革派密谋废仁宗另立新帝，并且伪造了一篇富弼起草的废立诏书，一时闹得乌烟瘴气。虽然仁宗并不相信，但范、富不得不请求辞职。

八月，范仲淹终于离京而去，出任陕西、河东宣抚使。不久，富弼也出任河北宣抚使。庆历新政由于主持者相继离去，实际上已经宣告失败了。至庆历五年（1045年）初，宋仁宗诏令废除一切改革措施，解除范仲淹的宰臣职务，贬知邓州（今河南邓县）。

庆历六年（1046年），范仲淹在邓州写下了千古传颂的名文《岳阳楼记》，文中说："不以物喜，不以己悲，居庙堂之高，则忧其民；处江湖之远，则忧其君。是进亦忧，退亦忧，然则何时而乐邪？其必曰：先天下之忧而忧，后天下之乐而乐乎！"由此看出，无辜遭到贬谪的范仲淹对于庆历改革仍然无怨无悔。

变法改革是对旧制度的颠覆，势必触及当权的既得利益者，范仲淹面对重重阻力依然坚持自己的良知与理想，为改变宋初国家积贫积弱的局面贡献出了自己的力量，是当之无愧的变革先驱，值得后辈学习。

■史海撷英

范仲淹弃宴助民

在范仲淹担任邠州地方官期间，有一天，他闲暇无事，便带同僚属下登上高楼，设置酒宴。

还没等范仲淹等人举杯饮酒，他们就看到几个披麻戴孝的人在营造下葬的器具。这时，范仲淹非但没感到气愤，还急忙派人去询问。原来是一个客居在邠州的读书人死了，准备埋葬在近郊，但是棺材、墓穴和其他送葬器物都还没有着落。

范仲淹听后，立即撤去酒席，并给丧家一笔可观的钱，让他们去办丧事。参加宴会的客人中有的人为此感动得流泪。

■文苑拾萃

御街行（秋日怀旧）

（宋）范仲淹

纷纷坠叶飘香砌，夜寂静、寒声碎。
真珠帘卷玉楼空，天淡银河垂地。
年年今夜，月华如练，长是人千里。
愁肠已断无由醉。酒未到、先成泪。
残灯明灭枕头欹。谙尽孤眠滋味。
都来此事，眉间心上，无计相回避。

王安石行富国强兵法

> 王安石（1021—1086），字介甫，号半山，世称临川先生，北宋临川人（今江西省东乡县上池村人）。王安石是北宋杰出的政治家、思想家、文学家、改革家，唐宋八大家之一，著有《临川先生文集》。

熙宁二年（1069年）二月，王安石被任命为副宰相。他以"变风俗，立法度"为己任，设立"制置三司条例司"为主持变法的机构，开始实行变法。

当时，国家财政危机十分严重，"国用不足"的问题严重地困扰着统治者。宋神宗即位后，深感"天下弊事至多，不可不革"。他认为，"当今理财最为急务"。而王安石在担任地方官的实践中积累了丰富的经验，形成了进步的理财思想和理财方法，是主持财政改革的最佳人选。

从熙宁二年七月起，王安石大刀阔斧地进行财政改革，陆续颁布了均输法、青苗法、农田水利法、免役法、方田均税法和市易法等富国新法。

均输法规定：在东南淮、浙、江、湖六路设置发运使官，总管财赋收入；发运使对上供物品、籴买、税敛"皆得徙贵就贱，因近易远"，有权了解京师仓储和所需物资情况，以便采买；改变过去不分年景好坏和产地远近，一律按账簿征收的办法，防止富商大贾投机倒把、牟取暴利，从而达到"便转输、省劳费"，使国用可足，民财不匮。

青苗法规定：每年夏秋青黄不接时，官府贷款或借粮给农民，利息二分，在夏税、秋税时一并归还，抑制"兼并之家"即大地主利用高利贷对农民进行残酷剥削。条例司颁发的命令说："凡此皆以为民，而公家无所利其入，是亦先王散惠兴利，以为耕敛辅助之意也。"实际上，国家也由此增加了财政收入。

农田水利法规定：各地要查清本地荒田和需要修复的堤防、陂塘、堰埭、圩埠等，绘制成图，提出实施方案，呈报上级官府；奖励开垦荒田和兴修水利，民力不足者，官府如青苗法给予低息贷款，准许延期一年或一年半归还，如遇官府贷款不足，许富民出钱借贷；较大的工程，可由几个州、县合办。

免役法规定：废除原来按照户等轮流承担差役的办法，改由官府募人代役，费用按户等分摊，称"免役钱"；乡村四等、坊郭六等以下户免交役钱，而过去免役的官户、寺观户及坊郭户、未成丁户、单丁、女户等有产业物力者，按照民户折半缴纳"助役钱"。

方田均税法规定：每年定期清丈土地，登记造册，土地按肥瘠分成五等，作为均税的依据；均税，就是把州县原有的税额按清丈后的土地重新均摊，改变"有产无税、产去税存"的不合理状况；如果在清丈土地中查出了大量隐瞒的土地，责其纳税，这样做打击了地主豪强的兼并，也增加了大批的税收。

市易法规定：在京师设都市易务（后改名市易司），管理市场，控制商业贸易；由市易务评议价格，向商人购销货物；给商人贷款或赊给货物，年息2分；以京师市易司作为主管全国市易的总机构，各地的许多城市也都设立市易务，从而打击了不法商人操纵市场、哄抬物价的现象。

这些改革措施取得了很大的成就，在一定程度上限制了官僚、地主、豪强的经济特权和逃税行为，减缓了土地兼并的速度，打击了投机商贾的高额盘剥，自耕农民的负担也有所减轻。至熙宁九年（1076年），全国兴修水利1万多处，可灌溉耕地3600万亩，对农业生产的发展起了重大的推动作用。国家的财政收入显著增加，至元丰元年（1078年）共收取利息68万贯。

但是，改革自始至终遭到了保守派贵族、官僚的强烈抵制和反对。王安石身受内外诬蔑攻击，他曾经奋起斗争，后来由于宋神宗的动摇，被迫两次罢相，最终以判江宁府致仕，含恨舍弃了他所热衷的改革事业。

■故事感悟

在历史的发展过程中，新事物从产生到发展壮大总会经历一定的时间，顺应时代潮流的变革维新需要经历种种波折才能得到大多数人的认可。王安石大刀阔斧地变法，正是不惧困难、勇敢向前的最好证明。

■史海撷英

王安石变法之前

王安石自幼聪颖，读书过目不忘，从小随父亲游历南北各地，逐渐增加了社会阅历，开阔了眼界，同时也目睹了百姓生活的艰辛，对北宋王朝积贫积弱的局面有了一定的感性认识。因此，青年时期的王安石便立下了"矫世变俗"的志向。

庆历二年（1042年）三月，王安石中进士，授淮南节度判官。庆历七年，调任鄞县（今浙江宁波），组织民工修堤堰，挖陂塘，改善了农田水利灌溉，便利了交通。在青黄不接之时，他又将官库中的储粮低息贷给农户，解决了百姓的度荒困难，又使官粮得以以陈换新，可谓一举两得。

■文苑拾萃

桂枝香·金陵怀古

（宋）王安石

登临送目，正故国晚秋，天气初肃。

千里澄江似练，翠峰如簇。

征帆去棹残阳里，背西风、酒旗斜矗。

彩舟云淡，星河鹭起，画图难足。

念往昔，繁华竞逐，叹门外楼头，悲恨相续。

千古凭高，对此漫嗟荣辱。

六朝旧事随流水，但寒烟衰草凝绿。

至今商女，时时犹唱，后庭遗曲。

耶律楚材改革立法

> 耶律楚材（1190—1244），别名玉泉老人，契丹族，杰出的政治家，蒙古帝国时期的大臣。1215年，成吉思汗的蒙古大军攻占燕京的时候，听说耶律楚材才华横溢、满腹经纶，遂向他询问治国大计。而耶律楚材也因对腐朽的大金失去信心，决心转投成吉思汗帐下，以拯救处于水深火热中的百姓。他的到来，对成吉思汗及其子孙产生深远影响，他采取的各种措施为元朝的建立奠定了基础。代表作品有《湛然居士文集》等。

耶律楚材，字晋卿，先世为契丹贵族，祖父仕金，父耶律履官至礼部尚书、参知政事。

楚材3岁丧父，在母亲杨氏的悉心教诲下博览群书，精通儒术，深受汉族封建传统文化熏陶。成吉思汗攻克燕京后，喜其"身长八尺，美髯宏声"，将耶律楚材留在身旁。

当时，常八斤因善造弓而备受成吉思汗的赏识，每自矜曰："国家方用武，耶律儒者何用？"

楚材回答道："治弓尚须用弓匠，为天下者岂可不用治天下匠耶！"

成吉思汗闻之大喜，对耶律楚材"日见亲用"，后来还特地叮嘱太宗窝阔台："此人天赐我家，尔后军国庶政，当悉委之。"

耶律楚材和常八斤关于"弓匠"与"治天下匠"之争，在某种意义上反映了当时蒙古野蛮落后的旧制与先进的封建文明之间的矛盾。成吉思汗靠着蒙古铁骑建立起的蒙古汗国带有浓厚的奴隶制色彩，甚至还保留了许多原始氏族社会的落后习俗。而蒙古贵族对中原地区的征服杀掠，也给当地人民带来了巨大的灾难，造成社会的倒退，同时，这对蒙古民族的自身建设，包括社会结构和生产方式的改革，也产生了消极影响。

正是在这种特定的历史时期，耶律楚材利用在太祖、太宗两朝备受信任、担当重任的特殊机遇，尽心竭力地补偏救弊，革除旧规，引导蒙古贵族跨入封建化轨道，充分发挥了"治天下匠"的积极作用。

按照蒙古的旧制，"凡攻城邑，敌以矢石相加者，即为拒命，即克，必杀之"。大将速不台攻打汴梁（今开封）城时，因"金人抗拒持久，师多死伤"，主张城下之日屠杀金军和全城百姓。耶律楚材闻讯后，急忙劝谏太宗说："将士暴露数十年，所欲者土地、人民耳，得地无民，将焉用之？"

见太宗犹豫未决，楚材又进一步劝导说："奇巧之工、厚藏之家，皆萃于此，若尽杀之，将无所获！"

太宗终于下诏，只问罪于金宗室完颜氏，"余皆勿问"，避兵汴梁的147万老百姓因此得以保全性命。

当时，"天下新定，未有号令"，典章法规尚不健全，"所在长吏，皆得自专生杀，少有忤意，则刀锯随之，至有全室被戮、襁褓不遗者，而彼州此郡、动辄兴兵相攻"，此类恶习，全赖耶律楚材劝阻。

蒙古军队攻占河南时，俘获了许多人，蒙古军队主力撤还后，乘机逃亡的十有七八。太宗下令：凡"居停逃民及资给者，灭其家，乡社亦连坐。"于是无人敢再收留接济这些难民，致使难民"多殍死道路"。

得知这个消息后，耶律楚材进谏道："十余年间，存抚百姓，以其有用故也。若胜负未分，虑涉携贰；今敌国已破，去将安往？岂有因一俘而罪百人者乎？"

太宗醒悟后，马上解除了禁令。据记载，因耶律楚材劝禁屠城、止滥杀而得以保全的百姓先后不下数百万人。

随着蒙古汗国在军事上的扩张，蒙古贵族把游牧地区落后的生产方式也带到中原地区。近臣别迭等扬言："汉人无补于国，可悉空其人，以为牧场。"耶律楚材则针锋相对地提出："陛下将南伐，军需宜有所资，诚均定中原地税、商税、盐酒、铁冶、山泽之利，岁可得银五十万两，锦八万匹、粟四十余万石。足以供给，何曰无补？"

太宗最终被耶律楚材的建议打动，令其试行。于是，耶律楚材设立了燕京等十路征收课税使，按照封建生产方式经营管理，大获成效。后来，太宗到云中（今大同），"十路咸进廪籍及金帛陈于廷中"，太宗对楚材"不去朕左右，而能使国用充足"深为叹服，从此益加重用"南国之臣"，并即日拜楚材为中书令，事无巨细，都先找楚材商量。耶律楚材当即提出："凡州郡宜令长史专理民事，万户总军政，凡所掌课税，权贵不得侵之。"他还曾先后向太宗条陈十八事、时务十策。十策的内容是"信赏罚，正名分，给俸禄，官功臣，考殿最，均科差，选工匠，务农桑，定土贡，制漕运"。其他像废除用官本放高利贷，以及"一衡量，给符印，立钞法，定均输，布递传，明驿券"等变革，都是涉及革除蒙古旧制积弊，进一步推行封建化改革的重要措施。

为了抵制蒙古苛政旧规，为民请命，耶律楚材竟在皇帝面前"声色俱厉，言与涕俱"，为此曾激怒太宗，斥责他："尔欲搏斗耶？"

太宗死后，皇后乃马真氏称制，重用奸佞奥都剌合蛮，许多大臣都因胆怯而依附奥都剌合蛮，唯独耶律楚材敢于面折廷争，言人所难言。

有一次，皇后把御宝空纸交给奥都剌合蛮，让他自行填写施行。楚材公然表示："朝廷自有宪章，今欲紊之，臣不敢奉诏。"

皇后又传旨："凡奥都刺合蛮所建白，令史不为书者断其手。"

楚材顶撞道："国之典故，先帝悉委老臣，令史何与焉？事若合理，自当奉行；如不可行，死且不避，况截手乎！"

耶律楚材据理与皇后反复争辩，甚至大声喝道："老臣事太祖、太宗三十余年，无负于国。皇后亦岂能无罪杀臣也？"

耶律楚材不但保护了汉族地区的封建制度，同时也促进了蒙古民族的发展，功在千秋，受到蒙汉各族人民的尊敬。1245年，耶律楚材逝世后，"蒙古诸人哭之，如丧其亲戚，和林为之罢市，绝音乐者数日，天下士大夫莫不涕泣相吊"。

■故事感悟

任何一种制度并非一成不变，应随着时局的变迁而不断予以革新。耶律楚材正是看到了蒙古旧制的种种弊端，因此予以大刀阔斧地改革，事实证明了这一举措的成效。在现实生活中，我们也应不断求新求变，拒绝墨守成规。

■文苑拾萃

耶律楚材祠

耶律楚材祠位于今北京市昆明湖的东岸，建于元代，现仅存墓穴及殿房三间。祠堂的庭院中竖有一尊翁仲（石人）及清代乾隆御碑一座。

该墓是北京西郊一带的著名古迹，自元明以来，人们凭吊题咏，留下了不少诗篇。墓前原有翁仲，后因夏夜流萤丛集眼部，被乡人视为怪异，将其推入水中。后来由于造园，祠墓均被上山覆盖。

清朝的乾隆帝在建造清漪园时，曾在原地恢复调墓，立碑记其沿革，并褒彰了耶律楚材的功绩。现存规模系光绪年间（1875—1908年）重修，飨堂、墓室一如旧制。

第二篇
改制为强国

郑国子产改革铸刑鼎

郑子产（？—前522），姬姓，国氏，名侨，春秋时期郑国（今河南新郑）人，著名的政治家和思想家。公元前554年，在其任郑国卿后，实行了一系列政治改革，承认私田的合法性，向土地私有者征收军赋；铸刑书于鼎，为我国最早的成文法律。他主张保留"乡校"、听取"国人"意见，善于因才任用，采用"宽猛相济"的治国方略，将郑国治理得秩序井然。

春秋时期为我国社会发生大变动的一个历史时期。那时，奴隶制度行将崩溃，封建制的生产关系已经在奴隶社会的母体里逐渐趋于成熟。

公元前594年，鲁国最早实行了按亩抽税的制度，即"初税"，此后其他国家也相继效仿，这标志着奴隶社会的固有土地制度——井田制的破产，取而代之的土地私有制度日益盛行起来。随着这些变化而来的，便是新兴地主阶级的出现。他们在逐渐壮大后，开始向旧的奴隶主贵族夺取政权。

在这场社会大变动中，要求刑法公开则是举足轻重的斗争。

刑罚在奴隶社会已经产生，但这些刑罚并不施之于奴隶主贵族，而只是对付奴隶和平民。约束奴隶主贵族行为规范的则是"礼"。据说，当时有礼仪三百，同时又有威仪三千。礼仪三百适用于奴隶主贵族；威仪三千，即三千条刑罚，才是加诸于人民大众的。这就是所谓的"刑不上大夫，礼不下庶人"，而且刑法从来不予以公开，只是由奴隶主贵族掌握着。他们可以肆意横行，为所欲为。

争取刑法公开，使之广布于大众，无疑就是对奴隶主贵族特权的一大限制，并且进一步要求他们也来遵守，至少表面上做到"王子犯法与庶民同罪"。这一场斗争显然成为春秋时期新兴地主阶级推翻奴隶主贵族统治，进行夺权斗争的重要组成部分。

正是这股汹涌澎湃的潮流，使得一些有识之士率先采取了行动。郑国大夫子产便是这些有识之士中的佼佼者。他在执政时，毅然地在郑国公布刑法，并且把刑法铸在铜鼎上，让每个人都可以知道。这件事便是历史上所说的"铸刑"的故事。

□故事感悟

"铸刑"是春秋时期法律制度的一次重大改革，在这个过程中，也充满了新与旧的斗争。郑国大夫子产顶住守旧派的责难，顺乎时代潮流，铸刑鼎于郑。历史证明，子产是正确的，也是成功的。他的这种应时而变的做法不仅深深地影响了当时的政局，而且也为后世树立了锐意革新的榜样。

□史海撷英

子产用人所长

子产十分善于用人之长。比如：冯简子能断大事，公孙挥长于外交、善为辞令，于是"子产乃问四国之为于子羽（公孙挥），且使多为辞令。与裨谌乘以适野，使谋可否。而告冯简子，使断之。事成，乃授子大叔使行之，以应对宾客。是以鲜有败事"（《左传·襄公三十一年》）。

子产的这种"择能而使之"的做法，对传统的"亲亲"原则是一种有力的冲击。子产在当政期间之所以能在内政、外交方面都取得出色的成就，原因之一就是他能够知人善任，用人之所长。

曹操的成功改制

曹操（155—220），字孟德，一名吉利，小字阿瞒，沛国谯（今安徽省亳州市）人。曹操是我国东汉末年著名的军事家、政治家和诗人，三国时期魏国的奠基人和主要缔造者，后为魏王。其子曹丕称帝后，追尊为魏武帝。

曹操是我国东汉末年著名的军事家、政治家和诗人，三国时期魏国的奠基人和主要缔造者。

曹操在位期间，对国家进行了一系列的经济改革。他创制屯田制度，将流民和士兵组织起来进行生产；创立了新的"租调制"，从而调动了广大农民的生产积极性，使自耕农经济与屯田经济互为补充，推动了北方社会经济的全面复苏，为其消灭群雄、统一中原的大业奠定了雄厚的物质基础。

曹操的新"租调制"，包括田租和户调两项内容，二者统称为"租调"。建安五年（200年），"太祖始制新科，下州郡，又收租税绵绢"。建安九年（204年）曹操在平定冀州之后，又颁令曰："其收田租，亩四升；户出绢二匹、绵二斤而已，他不得擅兴发"，这些就是新"租调制"

的具体内容。

曹操颁布的田租户调制，是对西汉以来赋税制度的重大革新。曹操的田租制不同于汉代田租制的地方有两个方面：一是改定率田租制为定额田租制；二是除田租之外，免除了刍藁等田亩附加租的征收。这是前所未见的新制度，完全是曹操的创新。

其一，改汉代的定率田租制为定额田租制。汉代的田租，最初是"什五税一"制，到汉景帝元年（公元前156年），则改为"三十税一"。从此以后，这一制度便成为定制，直到东汉后期无改。所谓"三十税一"，就是按亩产量的三十分之一征收田租。田租征收的比率是固定的，所以这是一种定率田租制。这种田租制只确定田租征收的比率，而不确定每亩的田租量，因此，每亩土地的田租是一个可变量，视具体的亩产量而定。亩产量高，则田租量多，反之则少。而曹操新的田租制改变了这一传统税法，改为按亩征收，固定每亩收田租四升，而不问每亩的产量多少及其变化，因此这是一个定额田租制，是对汉代定率田租制的重大改革。

其二，废除了田租之外的田亩附加税——刍藁税。"刍藁"是指喂牲口的干草、禾秆之类。汉代的田租制除了征收三十税一的定率田租之外，还有田亩附加税——刍藁税的征收。据《汉书》记载：农民"已奉谷租，又出藁税"。《后汉书》记载：光武帝于中元元年（公元56年）四月下令百姓"毋出今年田租、刍藁。"《续汉书·百官志》刘昭补注引《汉官仪》，有"田租、刍藁以给经用"的记载。由此可见，两汉农民除了负担田租以外，刍藁也是一项经常性的赋税，这是汉代农民的沉重负担之一。而曹操的田租制却明文规定，除"亩四升"的田租以外，"他不得擅兴发"，明令废除了田租之外的其他附加税。这是曹操新的田租制不同于汉代田租制的又一重大特征。

其三，曹操的户调制是一个崭新的制度。"户调"是曹操时代才开始出现的新税制。汉代有按人口与年龄征收的口钱、算赋制度，它实行于整个两汉时期。但是，自从曹操创立"户调"以后，征收口钱、算赋的制度，就不再见于史籍。可见，户调制所取代的正是汉代的口钱、算赋制度。但是，曹操的"户调"相较于汉代的口钱、算赋制度有着重大的变化。汉代的口钱、算赋是以钱币的形式交纳的，曹操改为以实物交纳，即"绢二匹、绵二斤"；汉代的口钱、算赋是按人头交纳的，而曹操的"户调"是按户计赀交纳的，所以称为"户调"。

曹操所创立的新的田租、户调制度，是由当时的客观形势所决定的，因而，这项改革具有鲜明的时代特点。

首先，东汉末年的社会危机和长期的战乱，使社会经济遭到非常严重的破坏，不仅小农生产受到严重摧残，手工业和商业也遭到空前的破坏。在这种情况下，如果仍然像汉代一样向农民征收钱币，以缴纳田租以外的各种赋税势必是不可能的。因此，曹操改货币税为实物税，征收绵、绢势在必行。

其次，东汉末年的社会危机和长期的战乱使人口大规模减少，或战乱、疾疫死亡，或流离失所、漂泊异乡。原来的户口版籍已散乱遗失，政府对于人口的控制力大大削弱。在这种情况下，如果仍然按照汉代的老办法去核实家庭人口及其年龄大小，以决定口赋、算赋的多少，或者评定田亩的产量，按照定率征收田租，已经非常困难，甚至是不可能的。因此，不计产量，只按田亩面积多少征收定额田租，不计人头与年龄，只按家庭单位征收户调的制度，是比较切实可行的办法。

曹操的"田租户调制"打击了豪强地主，有利于保护小农经济，从而促进了当时社会经济的恢复和发展。

事实证明，新的租调制对于调动小农的生产积极性起到了巨大的作用。

第一，它使小农获得增产不增租的好处。在汉代定额田租制下，每亩土地交纳田租的多少是不固定的，经常浮动，农民增产，粮食多了，也就相应被官府征收较多的粮食，这对于小农的生产积极性发挥不利。而在定额田租制下，每亩土地的田租固定不变，农民如果精耕细作，使产量提高，也不会增加租税，有利于提高小农的生产积极性。

第二，规定每亩收租的定额为四升，比起东汉大为减轻。东汉时，平均亩产量为三石，按三十税一计算，则每亩收租一斗，比曹操新田租制规定的定额要高得多。田租负担的减轻，有利于调动农民的生产积极性。

第三，新户调制规定直接征收绢、绵等实物，而不必把这些实物转卖成货币上交，这样使小农免去了出卖绵、绢之烦，减少了商人贱价收买的中间剥削。

第四，新的户调制是按户征收绵、绢，改变了汉代按人头征税的旧制，使农民不必担心人口增加而加重赋税，有利于人口的增加。这样能够有效解决当时社会存在的问题之一——人口过于稀少。

第五，新租调制规定，除了定额的田租、户调之外，"他不得擅兴发"，这样使农民免除了汉代那种杂调横生的剥削。

由此可见，曹操创立的"租调制度"是我国古代赋税史上的一大进步，它有利于当时社会经济的恢复和发展，对于曹操力克群雄、统一北方大业起了积极作用。此制确立后，历经魏晋南北朝、隋、唐，沿用达数百年之久，直到唐代改行"两税法"，它才退出历史舞台，对于整个封建制度经济基础的巩固和发展起到了不可估量的积极作用，在我国赋税史上占有重要的地位。

曹操不仅在经济制度上进行改革，同时在政治制度方面也进行大胆的改革，改革选举制度。推行"唯才是举"的方针就是其中重要的措施之一。

　　东汉时期，选拔官吏的基本方法是察举。察举的科目有贤良方正、孝廉、茂才（即秀才，以避光武帝刘秀讳，改称茂才）等。察举的主要根据是被选者的乡党评论。

　　乡党评论主要以仁、义、孝、悌等方面的封建德行为标准。但是，这种乡党评论大多被有势力、有影响的现任或退休官僚地主所操纵，他们勾结起来，互相推荐亲属故旧，因此所选拔的官吏实际上被豪族地主所垄断。豪族地主为了表现自己的德行，极尽沽名钓誉、虚伪造作之能事，以至出现"举秀才，不知书；察孝廉，父别居"的情况，名实完全不相符。这种察举制度已经腐败不堪。在这种选举制度下，国家不能得到有治国用兵的真才实学的人才。

　　同时，东汉末年战乱频繁，户口数量减少，人们纷纷逃亡避难他乡，也难做到再按老办法通过乡党评论，由州郡政府察举，因此改革势在必行。

　　在这种情况下，曹操对选举制度进行改革，以"唯才是举"的方针取代过去重名教和家世的察举制度，其目的是在战争年代中发展势力，让更多的人才为自己的事业服务，使自己立于不败之地。从建安十五年（210年）到建安二十二年（217年）的六七年间，曹操先后进行了三次"求贤"。

　　在这三次求贤中，曹操对于两汉以来以封建道德观念作为选拔人才的标准又进行了一次有力的冲击，大胆选拔有治国用兵才能的"进取之士"，维护和发展自己的势力，壮大人才队伍，扩大统治基础。

　　三道求贤令，一次比一次深刻，一次比一次把问题提得更加鲜明突出和尖锐。三道求贤令都贯穿着一个核心思想——"唯才是举"。但第一道求贤令只提到，只要有才能即可举用。第二道求贤令更进一步，不能只见其短而废弃不用，更带有普遍意义。第三道求贤令列举了原有严重缺点的若干类型的古人，后来都有所建树的历史事实，证明贤才在能不在德，公开提出要选用"不仁不孝而有治国用兵之术"的人。这对于东汉以来重名教、举孝廉的用人之道是一场革命。

当时察举制度已非常腐朽，社会上追求"名誉"已发展到极端虚伪的地步，名实不符的现象非常普遍，用老办法已不可能真正选拔到有用的人才，因此，矫枉必须过正，曹操以鲜明的"唯才是举"方针猛烈地冲击了传统的选举制度。曹操讲的"唯才是举"并不是不要德，而是以能否坚决贯彻执行他的政治方针和统治政策作为前提，对于具有封建道德品质而又有才能的人，他当然非常重用。但是，对于缺少封建道德品质，而才能出众的人也要使用，这就是他的过人之处。

在"唯才是举"方针的指导下，曹操选拔了众多的人才，取得了显著的效果。例如，曹操与袁绍对峙时，袁绍手下虽然也聚集了不少人才，但最后许多杰出人才都脱离袁绍而投奔了曹操，例如荀彧就是从袁绍营垒投到曹操麾下，成为曹操的得力辅佐。

因此，在三国时期，曹操得人最多，史称他"知人善察，难眩以伪，拔于禁、乐进于行阵之间，取张辽、徐晃于亡虏之内，皆佐命立功，列为名将；其余拔出细微，登为牧守者，不可胜数。是以并力造大业，文武并施……"一大批有才干的人才集中于曹操的周围，扩展壮大了他的力量，为其统一北方打下了坚实的基础。革新用人方针，是曹操在群雄角逐中制胜的一个重要原因。

历史上任何一项改革是好是坏，主要看它是比过去先进了还是倒退了，是推动了历史的发展还是阻碍了历史的进步。曹操先后制定的一系列制度无疑是有利于当时社会发展的，因而具有历史的进步性。尤其曹操不拘一格用人才的精神更值得后人学习。

曹操装糊涂笼络人心

官渡之战后，曹操缴获袁绍不少的资料、文件、书信等，发现其中有不少是自己一方的人写给袁绍的信。在通常人看来，这些书信是通敌、背叛的证据，应该把它拿出来，然后据之处分叛变分子。

然而，曹操却没有这样做。在发现这一堆书信之后，他看都不看，而是立即下令全部烧毁。曹操做得很漂亮，当时很多人不理解，就问曹操，为什么把这么重要的证据都毁掉了？因为曹操很清楚，他是以弱胜强，老实说，自己心里都没底，何况大家呢！这勾结袁绍又不是一个两个、三个五个，可能是几十个、上百个，既然清算不过来，又何必要清算呢？曹操当着众人的面把这些证明全部烧毁，让大家放心，死心塌地跟着他，只要忠诚，以前的事我不追究。曹操很会装糊涂，装糊涂才能宽容人，得人心，得天下。

唐朝完善科举制

◎能变则全，不变则亡；全变则强，小变则亡。——康有为

李世民（599—649），唐朝的第二位皇帝，陇西成纪人，祖籍赵郡隆庆（今邢台市隆尧县），政治家、军事家、书法家、诗人。即位后，李世民积极听取群臣的意见，努力学习文治天下，并成功转型为中国历史上最出名的政治家与明君之一。唐太宗开创了历史上的"贞观之治"，通过主动消灭各地割据势力，虚心纳谏，在国内厉行节约，使百姓休养生息，终于使社会出现了国泰民安的局面，为后来全盛的"开元盛世"奠定了重要的基础，将中国传统农业社会推向鼎盛时期。

科举制创立于隋朝，至唐代得到极大发展。唐代科举制经唐太宗、武则天等人的不断革新，日臻完备，逐渐成为国家选拔官吏、招揽贤才的主要方式。

科举分为贡举、制举二途。贡举有进士、明经、明法、明算、明书诸科，应考者来源于学校出身的生徒和州县考选的贡士。唐初，中央和州县都设立学校，中央除国子学、太学、四门学、律学外，太宗又置书学和算学，皆立博士，此外，还在诸州置医学。太宗诏令取消周公先圣

之位，以孔子为先圣、颜渊为先师，立庙于国子学。学校征聘天下名士担任学官，著名经学大师孔颖达就先后出任过国子司业和国子祭酒，受命编修《五经正义》当教材。

贞观五年（631年）以后，唐太宗李世民多次亲临国子学，出席祭孔的"释菜"典礼，还让国子祭酒、博士讲论经义，增广学舍1200区。当时，学校教育十分兴盛发达。

除此之外，唐太宗还把学校教育与科举制紧密结合起来，使学校教学内容和科举诸科相一致。参加贡举的人大多是从中央和地方学校培养出来的学生。科举制促进了学校教育的发展，而学校教育也有力地推动了科举质量的提高。

制举是皇帝制诏各级官吏举人参加考试的选举办法。而制举的科目往往是临时确定。科举考试中，由进士、明经两科入仕的最多，进士更受人重视，吸引了大批的读书人。由于没有资格、门第的限制，人人都可以报名，很多寒士获得了一展才华的机会。据说，有一次唐太宗悄悄站在端门上，看见新科进士从榜下鱼贯而过时，喜形于色地说："天下英雄入吾彀中矣！"

武则天登上皇位后，对唐代科举制的发展也作出了重要贡献。载初二年（690年），她亲自在洛城殿主持贡士考试，连考数日，"贡士殿试自此始"。针对吏部录取的人往往名不符实的问题，她下令贡士在考试时必须将试卷上的名字密封起来，以防止他的老师在判卷时作弊，这就是她所创造的"糊名"制度。

长安二年（702年），武则天又创立了武举科，考试射箭、枪矛技艺和举重，考中者授予武官。唐代名将郭子仪就是武举出身。武则天在位期间，录取的进士数量也大大增多，是唐太宗一朝的近三倍。更重要的是，她改进了进士科的考试科目。唐朝初年，科举考试有时务策和帖经。时务策就是让应考者发表对国家政治、经济等诸多方面现状的见解，以检查他们的见识及才能；帖经是将经书任意翻开一页，把左右蒙上，中间只开一行，再用纸盖上三个字，令应考者填上，这只是死背硬记的功夫。高宗时，刘思立建议进士科应加试杂文（即诗赋），被采纳了。

从此以后，进士科的声望越来越高，罗致的人才也最多，宰相枢密往往从其中产生。当时，即使是位极人臣的官僚，如果不由进士科而出，终究是一种缺憾。

■故事感悟

制度与人一样，不可能尽善尽美，只能追求相对的完美。自古以来，人才一直是一个国家，一个民族振兴的保证，唐太宗与武则天正是认识到了人才的可贵，因此对科举制度进行革新，大有"不拘一格降人才"之势。事实证明，唐初的科举制度是成功的，不仅进一步推动了唐朝的繁荣发展，而且对后世也产生了积极影响。

■史海撷英

国子学

国子学是我国封建社会教育管理机关和最高学府。晋武帝咸宁二年（276年）始设，与太学并立。

南北朝时期，或设国子学，或设太学，或两者同设。北齐时期，改名为国子寺。隋文帝杨坚时，以国子寺总辖国子、太学、四门等学。炀帝时改国子寺为国子监。

唐宋时期，也依然以国子监总辖国子、太学、四门等学。元代时设立国子学、蒙古国子学、回回国子学，也分别称国子监。明清时期仅设国子监，为教育管理机关，兼具国子学性质。清光绪三十一年（1905年）设学部，国子监遂被废。

国子学（国子寺、国子监）与太学名称虽然不同，历代制度也有变化，但都是最高学府。唯有当两者并设时，国子学的教育对象才属于更高级统治者的子弟。

国子学通常设有博士五人，正五品上。掌教三品以上及国公子孙、从二品以上曾孙为生者。助教五人，从六品上。掌佐博士分经教授。直讲四人，掌佐博士、助教以经术讲授。五经博士各二人，正五品上。掌以其经之学教国子。《周易》《尚书》《毛诗》《左氏春秋》《礼记》为五经，《论语》《孝经》《尔雅》不立学官，附中经而已。

■ 文苑拾萃

《五经正义》

《五经正义》是唐代时期颁布的一部官书。"五经"主要指五部儒家经典著作，即《诗》（《诗经》）、《书》（《尚书》《书经》）、《礼》（《礼记》）、《易》（《周易》）、《春秋》。汉武帝时期，朝廷正式将这五部书列为经典，故称"五经"。

《五经正义》引用了大量的史料，诠释了典章制度、名器物色等，又详于文字训诂，为后人研读经书提供了方便。书中涵盖了政治、经济、思想、文化、社会习俗等多方面的丰富知识，是研究当时历史的宝贵资料。

《五经正义》在撰著过程中采摭旧文，取材广泛，汇集了汉魏、两晋南北朝时期学者的研究成果，在唐朝时期具有很高的权威性。

松赞干布的改革举措

松赞干布（617—650），又名弃宗弄赞、器宗弄赞、弃苏农赞等。按照藏族的传统，他是吐蕃王朝第三十三任赞普，系吐蕃王朝立国之君。唐贞观二十三年（649年），松赞干布被唐高宗封为驸马都尉、西海郡王，后又晋封为賨王。并镌其像于石，列于太宗昭陵。永徽元年（650年），松赞干布病逝，唐朝遣使吊祭。

620年，雅鲁藏布江以南琼巴（今西藏琼结）地区的吐蕃兼并了江北的苏毗，吐蕃赞普（赞普，王号）论赞弄囊被尊为朗日论赞，意为天山之王。松赞干布就是朗日论赞之子，赞普的继承者。

在朗日论赞统治时期，吐蕃内部新旧贵族的矛盾日益尖锐。629年，旧贵族阴谋夺取统治权，在一次宴会上，进毒害死朗日论赞，并举兵叛乱。在这危急存亡的关头，13岁的松赞干布继位。他虽然还是一个少年，但冷静沉稳，机智果断，依靠叔父论科耳和亲信大臣尚囊等人协助，很快控制了琼巴的局势。他首先通过追查进毒事件，肃清了内部的阴谋分子，然后渡江北上。在苏毗故地的逻些（今西藏拉萨）地区，与新贵族结盟，抚慰百姓，赏赐士卒，取得了广泛的支持，征集了一支1

万多人的军队。

632年，松赞干布指挥这支军队平定了内乱。次年，为了摆脱旧贵族的干扰，维护吐蕃的统一，他迁都逻些，继续消灭苏毗的残余势力，后又征服西部的羊同。

松赞干布"年始弱冠，骁武绝人，性慷慨"。这时正值唐朝日益强盛的时期，他对强盛的唐朝十分倾慕。唐贞观八年（634年），他第一次派遣使者到长安与唐朝通好，后来一再请求与唐通婚。贞观十五年（641年），唐太宗答应把宗室女文成公主嫁给松赞干布。文成公主自幼受到良好的教育，入蕃时带去了大量精致的手工艺品、药品、科技书籍和谷物蔬菜种子。从此以后，吐蕃"释毡裘，袭纨绮，渐慕华风。仍遣酋宗子弟，请入国学以习诗、书，又请中国识文之人典其表疏"。

鉴于贵族叛乱的教训，松赞干布认识到要维护统一、巩固统治，必须实行改革，完善国家机构，制定各种制度。与唐朝的交往，为他的改革打开了一扇明亮的窗户。

吐蕃的中央机构原本非常简陋，大相的权力过于集中，世袭贵族有权自行处置各自领地内的军政财政事务。松赞干布仿照唐朝的宰相制度，设宰相，以分割大相权力，又设天下兵马都元帅、副都元帅，以统领军队。宰相共议国政，而听命于赞普，有利于中央集权。宰相之下置宰相僚属，有主管内部事务的内大相、内副相、内小相，主管外部事务的都护，主管行政的整事大相等，相当于各部尚书，从而建立了比较完备的中央集权体系。担任宰相、大臣职务的虽然都是大贵族，但他们是国家任命的官吏，而不是可以各行其是的氏族贵族了。

松赞干布对地方制度也进行了改革，把吐蕃全境划分为4个"如"，32个千户府，实行军政合一的统治。"如"既是地方行政区，也是军区。每个"如"又分为上、下两个"支如",每个"支如"下辖4个千户府,每"如"还各有一个下千户府。各级组织的官吏都由中央任命,根据功过实行奖惩。贵族易地当官,使所辖兵丁不完全是自己部落的成员,避免他们称霸一方。士兵登记造册,不得更改扩充;军队出征以赞普发下的金箭调动,另派监军监督。这一改革是松赞干布学习唐朝府兵制的成果。

松赞干布还规定了各级官吏的官阶品级,授予不同质地制成的臂章:一等是瑟瑟(翡翠),二等是金,三等是银镀金,四等是银,五等是铜,六等是铁。每等又分上、下两级,共12个品级。

在松赞干布的主持下,吐蕃制定了最早的成文法,共十二章。法律规定,杀人者死;伤人者按照伤害的轻重治罪;盗窃财物者罚偿8倍,并原赃9倍;奸淫者断其四肢之一,流放异方;妖言惑众者割掉舌头,等等。又制定了十善律,主要内容包括:虔信宗教、孝顺父母、以圣哲为模范、酒食如量、心性忠直等道德方面的要求。

在经济方面,松赞干布也学习唐朝的均田制进行改革,把属于国家所有的土地和一些牲畜授予贫困的庶民百姓,用"绿册"登记庶民的户口和耕地面积,固定他们应当交纳的赋税数额。

此外,松赞干布还是一位善于汲取其他民族优秀文化的领袖。吐蕃原本没有文字,松赞干布派遣贵族子弟到克什米尔一带求学,学习梵文和西域文字,回来后创造了适合吐蕃使用的藏文。据说,松赞干布不仅大力提倡,号召大臣学习,甚至强制贵族青年学会,而且他本人专心学习了四年,为大家作出榜样。

松赞干布的改革,对吐蕃经济、文化的发展和社会的进步,对藏族成为中华民族大家庭的一个重要成员,都起到了巨大的促进作用。

松赞干布是一位有政治头脑的少数民族领袖。他幼年时便对唐王朝十分倾慕，到他执政时，为了学习汉文化，他娶了文成公主。他的做法加速了汉文化的传播及本民族的进步，使吐蕃的社会、经济、文化均得到了极大的提高，他对吐蕃的社会进步起到了巨大的促进作用。

吐 蕃

"吐蕃"一词最早见于唐朝的汉文史籍。蕃，为古代藏族的自称。6世纪时，蕃兴起于今西藏山南地区泽当、穷结一带的藏族先民雅隆部，已由部落联盟发展成为奴隶制政权。其领袖人物为达布聂赛、朗日论赞父子，后来逐渐将势力扩展到拉萨河流域。7世纪初，朗日论赞之子松赞干布以武力降服了古代羌人苏毗（今西藏北部及青海西南部）、羊同（今西藏北部）等部，将首邑迁至逻些（今拉萨），从此才正式建立了吐蕃王朝。

梵 文

梵文为印度雅利安语的早期（约公元前1000年）称呼。印度教的经典《吠陀经》便是用梵文写成，其语法和发音均被当成一种宗教礼仪而完好无损地保存下来。

19世纪时，梵文成为重构印欧语系的关键语种。而且，梵文不仅是印度的古典语言，还是佛教的经典语言。最早的梵文佛典是写在贝多罗树叶上的，故而又称"贝叶文"。随着佛经的翻译，很多梵文词汇进入到了汉语词汇里面，如：佛、菩萨、菩提、涅槃、觉悟、禅定、刹那等。

孝庄太后革新稳政局

孝庄文皇后（1613—1688），博尔济吉特氏，名布木布泰，亦作本布泰。孝庄文皇后是蒙古科尔沁部（在今通辽）贝勒博尔济吉特·布和之次女，清太宗爱新觉罗·皇太极之妃，顺治帝爱新觉罗·福临的生母。孝庄文皇后是史上有名的贤后，一生培育、辅佐顺治、康熙两代君主，是清初杰出的女政治家。

清孝庄文皇后姓博尔济吉特，她出生于蒙古科尔沁部贵族家庭，14岁时嫁给皇太极，后被封为庄妃。其子顺治皇帝福临即位后，庄妃被尊为皇太后。孙子玄烨即位，尊为太皇太后。孝庄文皇后是她的谥号。

顺治和康熙两位皇帝即位时都很年幼，统治阶层围绕继统、辅政问题曾展开激烈争夺。满族贵族中主张改革进步和力图守旧倒退的势力之间斗争也很激烈。当时，也正值明清鼎革之际，满族统治阶级的内部较量对全国政局产生了深远的影响。博尔济吉特氏因所处的特殊地位，被卷入了这场政治斗争的漩涡，但是，这也使她在复杂纷繁的斗争中得以充分施展自己的杰出才能，从而对清王朝的建立和全国统一作出了重大贡献。

崇祯十六年（1643年）八月，适逢清军利用明王朝在农民起义军打击下摇摇欲坠的有利时机，连克关外重镇，准备进取中原之际，清太宗皇太极突然病逝。他生前并未指定继承人，于是"诸王兄弟，相争为乱，窥伺神器"。权势最大的皇太极之弟多尔衮和皇太极长子豪格，这两派对峙，剑拔弩张，最高统治集团面临着分裂的严重危机。此刻，孝庄文皇后在幕后积极与各派政治力量应对周旋，终于使两派达成一项折中方案：一致拥戴皇九子、年仅六岁的福临为帝，而由睿亲王多尔衮、郑亲王济尔哈朗辅政。这使清廷得以继续保持一支统一、强大的力量，并在半年后抓住时机入关，夺取了全国最高统治权。

倘若说孝庄文皇后在策立福临时还未操一言九鼎之权的话，孙子玄烨即位时，她所起的作用就更为关键。这时她已是年届五十、富有阅历的皇太后了，以她的经验、才能和地位，在满族亲贵中享有极高的威望。她是幼帝的教养者与强有力的保护人，玄烨对祖母更是充满崇敬与信赖。从玄烨登基直至太皇太后去世，皇帝每日都去祖母处探望请安，听其教诲。祖母则充分运用自己的经验才智和威望影响，悉心指导、辅助玄烨处理军政大事。正因如此，在康熙执政的前期，清廷一些重大举措、决策，以及所推行的一系列政治、经济改革，无不带有太皇太后的烙印，其中最为突出的是清除鳌拜集团和平定三藩叛乱。

鳌拜是皇太极时的亲信旧臣，也是康熙继位后四名辅政大臣中最有实权的一位。以他为代表的一些满族权贵，追随太宗南征北讨功勋卓著，但平定天下之后，对治理国家，特别是对汉族地区高度发展的经济和文化很不适应，凡事"率祖制，复旧章"，顽固维护落后的生产方式。此外，鳌拜还自恃功高权重，遇到皇帝不允所请时，竟至攘臂上前，强奏数日，逼其依允。鳌拜集团的专横跋扈、倒行逆施，激起玄烨强烈不满，也引起太皇太后的极度关切。

于是，在太皇太后亲自策动和周密部署下，16岁的玄烨表面上隐忍不露，虚与周旋，终日与一伙侍卫少年摔跤耍戏，使鳌拜愈发感到皇帝年少贪玩，童稚可欺，暗中却令心腹大臣皇后之叔吏部侍郎索额图自请解任，效力左右，抓紧组织训练一支贴身可靠的羽林卫队。

康熙八年（1669年）五月的一天，玄烨率摔跤少年乘鳌拜上朝不备，一拥而上"揹而絷之"，并以迅雷不及掩耳之势将鳌拜心腹死党一网打尽。清除鳌拜之后，康熙掌握实权，制止了清政局的倒退，为清王朝进一步封建化和社会经济的迅速恢复发展奠定了基础。

三藩，指平西王吴三桂、靖南王耿精忠、平南王尚可喜。吴、尚和耿精忠的祖父耿仲明，都是早期降清的明辽东边将。清朝依靠他们南下攻打农民军和南明，因而拥有重兵。他们分别镇守云南、福建、广东等省，在政令、财经、军事上相对独立。他们对当地人民横征暴敛，更多地体现了清初经济政策中消极的一面。

康熙十二年（1673年），吴三桂等相继叛乱，数月之间占据云南、贵州、广东、广西、湖南、四川六省，在军事上一度占据优势，朝臣甚至有人提出退出关外，诛杀建议撤藩者，以向吴谢罪。康熙不为所动，坚持武力平叛，力挽狂澜，经过八年的苦战，于康熙十九年（1680年）最后平定三藩叛乱。

孝庄文皇后对平定三藩态度非常明确。吴三桂发难的次年二月，《清史稿》记载："太皇太后颁内帑犒军"，同书《后妃传》也有记载："吴三桂乱作，频年用兵，太后念从征将士劳苦，发宫中金帛加犒。"

康熙十四年（1675年），平叛战事正紧，内蒙察哈尔部布尔尼又乘机作乱。"时诸禁旅皆南征，宿卫尽空"，京师只剩下一些娃娃兵守卫，康熙帝十分担忧。在此紧急关头，太皇太后提出："图海才略出众，可当其责。"康熙立即召来图海，授以将印。太皇太后还特地嘱咐康熙告诫军队，出师不得掳掠。结果，图海选拔数万八旗健勇家奴，昼夜疾行，一举击溃叛军，迅速稳定局面。

孝庄文皇后对汉族地区的先进文化十分钦慕，她曾命顺治撰写《内则衍义》，后来康熙令儒臣译汉文经典《大学衍义》呈进太皇太后。她还亲自下谕废除满族"皆令命妇更番入侍"宫中的旧俗。与此同时，她又坚决反对明朝内监干政、妇女缠足等陋习。顺治初年，她下过一道谕旨：

"有以缠足女子入宫者，斩。"孝庄文皇后还常提醒："祖宗骑射开基，武备不可弛。"劝勉康熙在吸收采纳先进封建文明的同时，不忘发扬本民族的优良传统。孝庄文皇后一生提倡节俭，常用宫中节省下的银两赈济灾民，她曾亲自作书告诫康熙："必深思得众得国之道，使四海咸登康阜。"

康熙二十六年（1687年）十二月，孝庄文皇后弥留之际，面谕玄烨："太宗文皇帝梓宫，安奉已久，不可为我轻动；况我心恋汝皇父及汝，不忍远去，务于孝陵近地，择吉安厝，则我心无憾矣。"皇太极逝世时，她仅32岁，此后将近半个世纪，她把整个心血才智都倾注到儿孙的事业之中。

■故事感悟

满族以偏于东北一隅的地方少数民族政权统一全国，完成自身封建化，并在农民战争扫荡了落后生产关系的基础上，克服明末社会危机，建成空前统一强盛的清王朝。而在这整个历程中，孝庄文皇后都顺应历史发展的潮流，支持改革，并在其中发挥了非常重要的作用，对后世也产生了积极的影响。

■文苑拾萃

《御定内则衍义》

《御定内则衍义》是由清顺治十三年（1656年）世祖章皇帝御定，冠以御制序文及恭进皇太后表。《御定内则衍义》以《礼记·内则篇》为本，援引经史诸书以佐证推阐之。《御定内则衍义》分八纲，三十二子目。

一曰孝之道，分事舅姑、事父母二子目；二曰敬之道，分事夫、劝学、佐忠、赞廉、重贤五子目；三曰教之道，分教子、勉学、训忠三子目；四曰礼之道，分敬祭祀、肃家政、定变、守贞、殉节、端好尚、崇俭约、谨言、慎仪九子目；五曰让之道，分崇谦退、和姒娌、睦宗族、待外戚四子目；六曰慈之道，分逮下、慈幼、敦仁、爱民、宥过五子目；七曰勤之道，分女工、饮食二子目；八曰学之道，分好学、著书二子目。

康有为与维新变法

康有为（1858—1927），又名祖诒，字广厦，号长素，又号明夷、更甡、西樵山人、游存叟、天游化人，晚年别署天游化人；广东南海人，人称"康南海"。康有为出身于士宦家庭，他的家族乃广东望族，世代为儒，以理学传家。康有为是清光绪年间进士，官授工部主事，是近代著名政治家、思想家、社会改革家、书法家和学者，信奉孔子的儒家学说，并致力于将儒家学说改造为可以适应现代社会的国教，曾担任孔教会会长，其主要著作有《康子篇》《新学伪经考》。

光绪帝即位后，中国在西方列强的侵略扩张和蚕食掠夺之下，已是百孔千疮，陷入了半殖民地的深渊。中日甲午战争之后，各国列强加剧了宰割中国的活动，掀起了瓜分中国的狂潮。甲午战争中国的惨败，使光绪帝蒙受了奇耻大辱。面对国家和民族的危机，年轻气盛但处于傀儡地位的光绪皇帝一直陷于无尽的痛苦和忧虑之中。他曾面对外国列强对中国的扩张和经济势力入侵大声疾呼："与华生计，大有关碍，亟宜设法补救，以保利权。"他强烈地意识到国势之难，"急切要求图自强而弭祸患"。

正当光绪帝忧心忡忡之时，光绪二十三年（1897年），继德国侵占胶州、染指山东之后，沙俄又陈兵旅顺、大连，更加剧了光绪帝救亡图存的紧迫感。他开始细心研读介绍外国情况的"新书"，探索变法图强之路，思想上发生了新的飞跃。他已公开与封建顽固派坚持的祖宗"法不可改，夷法不足效"的立场相对立，明确提出，衰弱陈旧的中国，"非实变法，不能立国"。这就与以康有为为首的维新派的主张不谋而合。

清咸丰八年（1858年），康有为出生在广东南海的一个官僚地主家庭，自幼受到中国传统儒学思想和西方资本主义政治学说及自然科学知识的影响。当时，西方列强纷纷染指中国，或强占土地，或渗透其经济势力，无不以兵相加。面对国家与民族的危机，他开始怀疑传统的文化学术。康有为22岁时，开始接触一些西方资本主义思想和当时正在酝酿的改良主义思潮。后又直接感触殖民地的资本主义制度，他认为，"要救国，只有维新；要维新，只有学外国"。

光绪十四年（1888年），康有为趁入京应试的机会，第一次上书光绪皇帝，提出"变成""通下""慎左"的政治主张。为了在封建顽固势力统治着全国政治和学术文化的土壤上寻求"向西方学习"的思想武器，康有为从中国传统的封建学说中去探寻，他开始"复事经说，发古文经之伪，明今学之政"，将今文经学阐发为"改制""因革"理论，将"三统"之说推演为"据乱""升平""太平"的系统。他为传统经学赋予了新的内容。

光绪十五年到二十一年，康有为表面上不谈政治，潜心治经，实际上正在从事重新解释儒家学说，建立变法维新理论体系的伟大事业。他在弟子梁启超、陈千秋等人的协助下，著成了《新学伪经考》《孔子改制考》等书。

《新学伪经考》提出，东汉以来的经学，多是刘歆伪造，"乃多伪经，非孔子之经也"。康有为从根本上大胆地反抗传统的经学，有力地冲击了顽固派"恪守古训"的立场，为变法维新扫除理论上的绊脚石。而《孔子改制考》则认为，孔子以前的历史茫昧无稽，全然不可信，是孔子为救世托古改制所作的宣传品，而秦、汉以来的历史才可考信。书中讲周末诸子百家兴起，各创一派理论，孔子创立儒学，作六经以为"托古改制"的根据。经过诸子争教，儒墨"显学"，孔子遂成为全国教主。康有为尊奉孔教，以此提出变法维新的主张，孔子成了变法改制的张本。《孔子改制考》与《新学伪经考》是康有为在"戊戌变法"前融治经与变法为一体的重要理论著作，它披着经学考辨的外衣，为改革维新挂上圣人招牌，实质是拿孔子对抗传统儒学，以减轻改革变法"非圣"的压力。

清光绪二十四年（1898年）六月，光绪皇帝颁布《明定国是诏》，正式宣布实行维新变法。在资产阶级维新派康有为、梁启超等人的支持与策划下，光绪帝于6月11日起，到八月六日（9月21日）止的103天中，先后颁布了几十次改革诏令，发布具体的新法条令达180余条。仅七月二十七日（9月12日）一天，就颁发了11条维新谕旨，可见光绪帝除旧布新的急迫和迅猛。

维新法令的内容主要有以下几点。

一、选拔、任用"通达识务"和有志维新的人才，令中央及各省官吏推荐该类人才候用。一些矢志维新的人物如杨锐、刘光弟、林旭、谭嗣同等开始入朝为官，参与新政。

二、发展近代教育，创办新式学堂。乡试、会试一律废除八股文，改试策论。奖励绅民自办教育，州县及京师学堂一律中西学兼习。

三、整顿吏治，裁汰机构和多余官员。谕令各臣工"舍旧谋新"，严斥"墨守成章"之言行。裁撤中央的詹事府、通政司、光禄寺、鸿胪寺、太仆寺、大理寺等衙门，湖北、广东、云南巡抚及一些粮道、盐道机构和冗员均被裁撤。

四、鼓励上书言事，广开言路。

五、倡办报馆、译书局、译书院，鼓励出国游学。

六、振兴近代工、农、商业及交通运输事业，奖励发明创造，包括倡立农学会、开办铁路，振兴工商、矿务及裁撤驿站、广设邮局等。

七、改革财政，诏令旗人各谋生计，严禁官吏"借端勒索"百姓。

八、整建陆、海军，以期富国强兵。裁并八旗及绿营兵，汰弱留强，用西法编练军队，改习洋枪。集中财力，添设海军，筹造兵轮，整建水师。

光绪帝的革新诏令多是按照维新派康有为等人的建议颁布的，它从政治、经济、军事、文化等诸方面革除了清王朝的部分弊政，在中国历史上是一次空前的学习西方、整饬纪纲、全面维新的运动。它把洋务运动提出的"西学"主张推向了一个新的台阶，表面上看来，似乎给垂暮的清王朝带来了一线生机。

但是，光绪的维新运动是在封建旧势力的重重包围之下进行的，当时清王朝的实权仍然被慈禧太后及旧的封建朝臣所控制。维新运动中，光绪帝所依靠的只有少数知识分子，改革本身也是一种不能从根本上触动封建体制的自上而下的改良，因此，在慈禧太后发动的政变面前轻而易举地垮台了，只存在了103天。

■故事感悟

大凡之事不可能一帆风顺，尤其是一个国家进行整体体制方面的变革。康有为凭借其强烈的爱国热忱投入到救国救民的探索中去，积极谋划通过变革制度而促使国家振兴的发展大计。即便时局的纷繁复杂导致变革夭折，他这种在探索中变法图强的精神却深深地印记在历史的长河中，永不磨灭。

孔教会

孔教会指的是民国初年提倡尊孔读经的社团。辛亥革命爆发后，清朝的遗老、封建文人等相继组织了"孔道""孔社""尊孔""孔圣"等尊孔复古团体。1912年10月7日，康有为授意其学生陈焕章等在上海成立了孔教会。它以"昌明孔教，救济社会"为宗旨，实则是反对革命，力图复辟清室。同年11月在上海设立总会事务所，后经袁世凯政府批准，在全国各地设立分会。

次年2月，孔教会发行了《孔教会杂志》作为机关刊物。9月27日，在山东曲阜召开第一次全国孔教大会，举行大规模祭孔活动。11月，孔教会推举康有为任总会会长，张勋任名誉会长，陈焕章为主任干事，总会迁至北京。孔教会的主要成员是满清的遗老遗少，还有一些鼓吹在中国实行帝制的外国人等。此会曾策动大规模请愿活动，要求定孔教为国教。

1917年，张勋拥溥仪复辟前后，孔教会更是活跃一时，改《北京时报》为《经世报》，作为该会机关报。五四运动期间，孔教会受到进步人士的猛烈抨击。

1920年后，孔教会制定了《孔教会教规》，曾募捐筹建北京孔教大学。1937年9月，曲阜的孔教总会被国民党政府改名为"孔学学会"，成为一个文化团体。

蝶恋花

（清）康有为

记得珠帘初卷处，人倚阑干，被酒刚微醉。
翠叶飘零秋自语，晓风吹堕横塘路。
词客看花心意苦，坠粉零香，果是谁相误。
三十六陂飞细雨，明朝颜色难如故。

孙中山的共和政体

孙中山（1866—1925），名孙文，字载之，号逸仙，因其笔名"中山樵"得名孙中山，广东省香山县（今中山市）人，近代民主革命家，中国国民党创始人，三民主义的倡导者。孙中山首举彻底反封建的旗帜，1905年成立中国同盟会，1911年辛亥革命后被推举为中华民国临时大总统。1940年，国民政府通令全国，尊称其为"中华民国国父"。1929年6月1日，根据其生前遗愿，将陵墓永久迁葬于南京紫金山中山陵。

孙中山是我国近代民主革命的先行者。他出身于农民家庭，深知人民的疾苦。1883—1885年的中法战争，更是激起了孙中山的爱国激情。他勤奋学习，汲取革命理论，为有朝一日报效祖国做准备。

1892年，孙中山获得了从医的执照，他开始了以医术济世的生活。但是，清政府的日益腐败，民族危机的不断加重，使他开始怀疑医术济世的效果。经过不断的学习和成熟的思考，孙中山认为必须从政治入手来改变中国的落后面貌。1894年秋，孙中山毅然放弃待遇优厚的医生工作，开始从政治上寻求救国的道路。

开始时，孙中山对清政府还抱有幻想，他满腔热忱地写了长达八千字的《上李鸿章书》，希望清政府能彻底改革，以图国富民强。他在《上李鸿章书》中写道："欧洲富强之本，不尽在于船坚炮利，垒固兵强，而在于人能尽其才，地能尽其利，物能尽其用，货能畅其流。"他还提出了一个在中国发展资本主义的完整的改良方案。

　　然而，李鸿章收到这封上书后，看都不愿意看，更别说接见孙中山了。受挫的孙中山认识到，上书请愿的做法不可能救中国。他目睹多灾多难的祖国，长叹一声，悲切地对好友说："而今国难当头，我们怎么可能坐视不管？但事实证明，想要用和平的手段通过改良来救中国，在清政府的统治下无异于与虎谋皮。看来，只有用暴力才能使祖国再生了。"

　　孙中山说到做到，1894年10月，孙中山募集经费，组织力量，在檀香山成立了"兴中会"，誓词是"驱除鞑虏，恢复中华，创立合众政府"。

　　经过艰苦卓绝的斗争，孙中山终于率众推翻了清朝的统治，结束了中国两千多年的封建制度，为中国建立新制度开辟了光明的道路。

故事感悟

　　朝代的更替是历史的必然，也是人为的使然。孙中山先生目睹了清政府的腐败和民族危机的不断加深，他以强烈的使命感与责任感投身于救国救民的探索中去，终于顺应历史，在千百万志同者的共同努力下，推翻了清政府的腐败统治。

史海撷英

三洲田起义

　　1900年6月，孙中山派郑士良等人赴广东省惠州发难，史如坚、邓荫南等人则驻广州策应。郑士良到达惠州后，便开始联络潮州、惠州、嘉应各属会党和绿林首领等，集合于惠州归善（今广东惠阳）的三洲田，等待香港方面运来枪械，即行发难。然而由于清军事先获得消息，三洲田起义军被包围，迫于形势，起义军于10月8日发难。

起义爆发后，义军80余人夜袭新安沙湾，导致清军溃逃。起义军又乘胜向深圳方向推进，并直逼新安县城。时孙中山来电，枪械从台湾内渡运来，郑乃率起义军改道进取闽南，直趋镇隆，先后大败清军于佛子坳、永湖。19日又攻克崩岗墟，21日则进至三多祝。各乡会党纷纷来投，队伍很快便发展到两万余人。后因托日本人中村铙弥六代购的枪械全是废物，且新任日本首相伊藤博文禁止日驻台湾总督帮助中国党人，孙中山便派日本志士山田良政传信郑士良，令其自决行止。

郑士良在外无援军、内乏弹药的情况下，被迫解散了起义队伍，仅率领少数骨干先后逃往香港。

■文苑拾萃

挽刘道一

孙中山

半壁东南三楚雄，刘郎死去霸图空。
尚余遗业艰难甚，谁与斯人慷慨同。
塞上秋风悲战马，神州落日泣哀鸿。
几时痛饮黄龙酒，横揽江流一奠公。

第三篇
革新为安邦

大禹治水与治国

> 大禹（生卒年不详），姒姓，夏后氏，名文命，号禹，后世尊称大禹。大禹是夏后氏首领，相传他是颛顼的曾孙，黄帝轩辕氏第六代玄孙。他的父亲名鲧，母亲为有莘氏女修己。史料记载，禹治黄河水患有功，受舜禅让继帝位。禹是夏朝的第一位天子，因此后人也称他为夏禹。他是我国传说时代与尧、舜齐名的贤圣帝王，由于他在治水方面功绩卓著，因而历来被人们传颂。

相传大约四千多年前，在中华大地上居住着一些部落，其中著名的有炎帝部落、黄帝部落和蚩尤部落。他们通过战争互相争夺土地和抢掠财物。黄帝部落先后打败炎帝部落和蚩尤部落，并结成以黄帝为首的炎黄两个部落的联盟，随后，又逐渐融合中原地区各个部落，形成后来的华夏族，即中华民族的主干、汉族的前身。

在黄帝以后，中原地区著名的部落联盟首领有尧、舜和禹。

据古书记载，尧在位时，先是天下大旱，接着又发生洪水。这场水灾很大："洪水横流，泛滥于天下。草木畅茂，禽兽繁殖，五谷不登，禽兽逼人，兽蹄鸟迹之道交于中国"，"民无所定，下者为巢，上者为营窟。"真是大水滔滔，茫茫一片，庄稼都被淹没，五谷颗粒无收，大地上长满了野草树丛；人们有的逃上山去以洞穴藏身，有的爬到树上像鸟那样筑巢而居；野兽却得以横行无忌，整个大地成了禽兽的天下。

这件事使尧忧心如焚。在征得各部落首领"四岳"的意见后，他决定让鲧来治理洪水。有的学者认为，依据战国和秦汉间人对谱系的排列，鲧是颛顼的儿子，颛顼之父为昌意，昌意之父为黄帝。这种谱系虽不可信，却表明鲧为黄帝族的后裔。此时，鲧被封为"崇伯"，是黄河南岸的一个强大部落的军事首领。

鲧受命治水以后，很是辛苦，采用了从共工族以来传统的治水方法，即"堙洪水"，用高处的土堵塞低处的水流，以制止洪水泛滥。但是，这种办法显然没有奏效。用土堵了东边，西边的水横流；堵了西边，东边又再次泛滥，而且还常常是刚刚垒好的堤坝顷刻间便被大水冲决坍塌。这样，鲧忙碌了整整9年，洪水不但没有治好，反而为患更甚了。

尧老了，由舜代行政事。舜看到洪水照旧恣行，"行视鲧之治水无状"，遂大怒，将鲧杀死在羽山（今山东郯城）。尧死后，舜接替尧成为部落联盟首领。他又征求"四岳"的意见，大家都推荐鲧的儿子禹继续治理洪水，认为"伯禹为司空，可成美尧之功。"舜遂派禹负责治水事业，完成其父所未竟之事。

禹受命以后，便兢兢业业地投入到与洪水的斗争中去。他善于动脑筋，具有创造精神，在认真总结过去经验教训的基础上，一改其父的治水方法，变堵为疏。禹联合了益、后稷等许多部落，先后"疏九河（在今黄河下游）、瀹济、漯（河名，在今河南省发源或分出）而注诸海；决汝（河名，源出河南省）、汉（水名，源出陕西省），排淮（河名，源出河南省）、泗（河名，源出山东省）而注之江。"从此把浩渺的洪水纳入了规矩，而最后流入大海。就这样，肆虐了至少22年的水患，终于被禹制服了。

大禹深知父亲治水策略的失败之处，所以予以推翻，并逆其理而行之，结果大获成功。可以说，大禹治水的成功得益于他在同一件事物上有着清醒而与众不同的认识，抓住了事物内部的发展规律。大禹的这种做法具有积极的开拓精神，值得后人学习。

■史海撷英

大禹获赐

由于大禹治水有功，帝舜便在隆重的祭祀仪式上将一块黑色的玉圭赐给大禹，以表彰他的治水功绩，并向天地万民宣告成功和天下大治。

不久，舜又封禹为伯，以夏（今河南万县）为其封国。禹在天下的威望达到了顶点，万民都称颂大禹说："如果没有禹，我们早就变成鱼和鳖了。"帝舜也称赞禹，说："禹啊禹！你是我的胳膊、大腿、耳朵和眼睛。我想为民造福，你辅佐我。我想观天象，知日月星辰、作文绣服饰，你谏明我。我想听六律五声八音来治乱，宣扬五德，你帮助我。你从来不当面阿谀背后诽谤我。你以自己的真诚、德行和榜样，使朝中清正无邪。你发扬了我的圣德，功劳太大了！"

舜在位33年时，便正式把天子之位禅让给禹。17年以后，舜在南巡中逝世。等到三年治丧结束，禹便避居阳城，将帝位让给了舜的儿子商均。然而，天下的诸侯都去朝见禹。在诸侯的拥戴下，禹正式即天子位，以安邑（今山西夏县）为都城，国号夏。

李悝的"尽地力之教"

> 李悝（公元前455—前395），嬴姓，李氏，名悝，一作克，战国初期魏国著名的政治家、法学家，魏都安邑（今山西夏县）人，曾任魏文侯相，主持变法。李悝为魏文侯到武侯时人，曾受业于子夏弟子曾申门下，做过中山相和上地守。上地在河西，故李悝经常和秦人交锋作战。

　　李悝，魏文侯时期的宰相。在为相期间，李悝协助魏文侯兴利除弊，变法革新，推行了一系列新政，其中"尽地力之教"是李悝变法中的一项重要措施。

　　当时的魏国处于四面受敌的危险境地，西有秦国，东接齐、宋，南有强楚，北有赵国。在战国争雄的时代，魏国要想立于不败之地，只有自强，而自强之路唯有变法图新，由富致强。李悝认为，魏国致富的关键是"尽地力"，意思是使土地得到最大化、最合理的开发利用，调动人的生产积极性，加速农业生产的发展。

　　李悝分析了魏国农业生产的情况，指出"今一夫挟五口，治田百亩，岁收亩一石半"。但如果耕种者"治田勤谨，则亩益三斗，不勤则损亦如之"。魏国有耕地600万亩，每亩增产3斗，可使全国每年多获粮180万石，反之又会减少180万石。可见，"尽地力"的关键又是治田的勤与惰。

此外，李悝还分析了小农生产积极性不高的原因，主要是政府赋敛无度和商人高利贷的盘剥。

找到症结之后，为了调动农民生产积极性，做到勤谨治田以尽地力，李悝采取了三项具体措施。

一是督促、鼓励小农努力生产，规定"视上上之田收下下，汝则有罚；下下之田收上上，汝则有赏。"意思是，如果上等好地只有下等收成，则受惩罚；下等地获上等收成，则受奖励。用农业立法的形式保证了农民勤于治田。

二是减轻赋税，整修水利，为小农提供增产条件。对地方官上交财政收入超额者，严厉斥责。例如，东封地方官上交税额超出往常3倍，有关部门请魏文侯奖赏东封官吏。魏文侯则说："那里地未增加，人未增多，税收涨出3倍，民众定被搜刮得财尽力竭了。长此下去，人民就会与国家离心离德，国家也别想安定，道理如同皮坏了毛也无法存在一样。东封官厚敛于民以邀功，非但不能受赏，反而应该问罪。"

李悝还提倡兴修水利，并亲自身体力行，"以沟洫为墟"，为整修水道而奔波。

三是推行"平籴法"，重农抑商。李悝看到，"籴甚贵伤民，甚贱伤农；民伤则离散，农伤则国贫"，因此提出"善平籴"的政策。所谓"平籴"，即国家干预粮食的购销和价格，丰年政府用平价收购余粮，防止商人压价，囤积居奇，伤害农人；灾年政府以平价卖出丰年所储余粮，防止商人抬高粮价，伤害平民。这样既保护了小农增产积极性，使他们不至于因丰收而吃亏，又因"取有补不足"，用政府贮粮解决了民众吃粮问题，使国家安定，民乐其业。

因为李悝"尽地力之教"的改革切合魏国实际，又有得力的针对性措施相配合，故"行之魏国，国以富强"，收到了良好的效果。

□故事感悟

在进行一场革新之前，准备工作是不可缺少的，变革应因时因事制宜，否则很难成功。李悝正是深刻地认识到了当时主要的社会矛盾，因势利导，因此取得了改革的成功。

□史海撷英

翟璜巧谏魏文侯

有一次，魏文侯宴饮几位士大夫。席间，魏文侯问大家："我是一个怎样的君主？"大家都是赞扬之语。

然而轮到任座发言，任座说："您是一位不贤明的君主。攻取了中山不封给兄弟，却封给儿子，以此知道您不贤明。"

文侯听了很不高兴，就准备处罚任座，任座吓得快步跑了出去。接下来轮到翟璜发言，翟璜说："您是一位贤明的君主。我听说过，贤明的君主，他的臣子说话就直率。刚才任座的话很直率，因此可以知道您很贤明。"

文侯听了很高兴，急忙将任座从门口请过来，并将其拜为上卿。

改陋俗的典范

> 皇甫隆（生卒年不详），三国曹魏安定郡（今甘肃镇原东南）人，嘉平（249—254年）年间曾任敦煌太守。

皇甫隆在任敦煌太守期间，曾对敦煌地区的民俗进行了一些改革，取得了成绩，受到当地人民的称赞。

敦煌是凉州所辖最西部的边郡，郡治在今甘肃敦煌市。郡境与西域相连，是内地通往西域的必经之地。这里与内地相隔遥远，经济文化都比较落后。皇甫隆到任后，见这里的生产和百姓生活习惯都比较落后，于是对这里的民俗进行了大力改革，其改革措施突出的有两个方面。

一、改革当地农业生产的方法和习惯

"初，敦煌不甚晓田，常灌溉滀水，使极濡洽，然后乃耕。又不晓作耧犁，用水及种，人牛功力既费，而收谷更少。"这段记载说明当地农耕方法存在的问题，一是在耕地之前大量灌溉，这对于北方旱田作业极不适宜，它使田土稀烂，不便于犁锄；二是播种不用先进的耧犁，仍然采用传统的手撒方式。不仅费时费力，而且浪费种子。

耧犁是西汉时赵过发明的一种播种机，有三个铁制耧足，同时播三行，所以又称三脚楼。一人一牛，一天可播种一顷地，效率很高。使用这种楼车下种，深浅一致，行距均匀，利于作物生长。楼犁以其巨大的优越性，一经发明便很快在中原地区推广。可是曹魏时期，边远的敦煌郡还不知道使用楼犁。皇甫隆到任后，"教作楼犁，又教衍溉"。播种改用楼犁，灌溉改用"衍溉"法，少量灌水使地湿润即可。使用新耕作方法后，既省时省力，又增加了粮食产量。

二、改革妇女裙子的式样和制作方法

原来"敦煌俗，妇女作裙，孪缩如羊肠"。这样做非常浪费布匹，一条裙子"用布一匹"。皇甫隆从当地人民生活实际考虑，下令禁止制作这种式样的裙子，改用内地妇人的裙子式样。仅此一项改革，"所省复不訾"，节约了许多布料和制作时间。

皇甫隆改革敦煌民俗的措施收到了良好的效果，对于发展当地社会经济、改善人民生活起了积极的作用，因而得到敦煌地区人民的爱戴，被誉为"勤恪爱惠，为下兴利"。

■故事感悟

改革的目的是增强国力，改善百姓的生活水平。皇甫隆改革敦煌民俗则主要迎合了第二点。该故事告诉我们，任何改革都要围绕国家发展和百姓生活这两个出发点，时至今日，这些原则仍具有深刻的指导意义。

■文苑拾萃

敦煌壁画

敦煌壁画位于我国西北地区，主要集中在敦煌莫高窟、西千佛洞、安西榆林窟等，共有石窟552个，有历代壁画5万多平方米，是我国也是世界上壁画最多的石窟群，壁画内容非常丰富。

　　敦煌壁画是敦煌艺术的主要组成部分，其规模巨大，技艺精湛，内容丰富多彩。敦煌壁画与其他的宗教艺术形式不同，它是描写神的形象、神的活动、神与神的关系、神与人的关系等，以此来寄托人们善良的愿望，因此也成为安抚人们心灵的艺术。敦煌壁画的风格具有与世俗绘画不同的独特之处。

北魏孝文帝迁都

> 拓跋宏（467—499），北魏孝文帝，鲜卑族人，出生于平城（今山西大同北），我国历史上卓越的少数民族政治家、军事家和改革家。拓跋宏崇尚中原文化，实行汉化，禁胡服、胡语，改变度量衡，推广教育，改变姓氏并禁止归葬，提高了鲜卑人的文化水准，是西北地区各民族陆续进入中原后民族融合的一次总结。曾用年号延兴、承明、太和，庙号为高祖。

北魏太和十七年（493年）九月，北魏孝文帝在从洛阳出发南伐的戎阵中，逼迫鲜卑贵族和群臣同意迁都洛阳，迁都大计第一次公之于众，并被确定了下来。

但是，孝文帝并不放心，因为在平城（今山西大同）还有许多留守的鲜卑贵族和百官，他深知"北人恋本，忽闻将移，不能不惊扰"，还需要做广泛深入的说服动员工作，才能使大家接受迁都主张，顺利实现迁都大计。于是，他派任城王拓跋澄回平城去，代表他向留守官员做关于迁都的说服动员工作。他为什么要选派拓跋澄呢？原来，他们在离开平城前曾有过一次密谈，拓跋澄对孝文帝关于迁都的计划表示完全支持。而拓跋澄在鲜卑贵族中威望高、能力强，具有很大的影响力。

拓跋澄北返平城之前，孝文帝下诏书："迁移之旨，必须访众。当遣任城驰驿向代，问彼百司，论择可否。近日论革，今真所谓革也，王其勉之。"原来，孝文帝在"南伐"之前，在平城卜筮得了个"革"卦。他认为现在决定迁都正是应验了这个卦，"今之迁都真以革北方之俗"了。

拓跋澄从洛阳出发来到平城，向留守百官宣布了孝文帝关于迁都洛阳的决定，"众闻迁诏，莫不惊骇"，引起了强烈的震动。拓跋澄引用古代迁都改革强国的事例，向大家做解释说明，才使众人认同。拓跋澄返回向孝文帝汇报，在滑台（今河南滑县东滑县城）遇上了孝文帝的巡幸车队。孝文帝听了拓跋澄的汇报大喜道："若非任城，朕事业不得就也。"

但是，鲜卑贵族中的守旧思想不是一两次说服动员就能消除的，反对迁都的保守势力仍然很大，因此孝文帝在北巡邺城以后，又于太和十八年（494年）三月回到平城，他要亲自对群臣进行迁都的说服工作。他行装甫卸，便亲临太极殿，引见留守官员举行一次盛大的会议，专门讨论迁都的利害得失，让他们"如有所怀，各陈其志"。

会议一开始，燕州刺史穆罴首先道："移都事大，如臣愚见，谓为未可。"

孝文帝说："卿便言不可之理。"

穆罴说道："北有猃狁之寇，南有荆扬未宾，西有吐谷浑之阻，东有高句丽之难。四方未平，九区未定。以此推之，谓为不可。征伐之举，要须戎马，如其无马，事不可克。"

穆罴认为，北魏四境还有强敌，迁都显然是说不通的。不过他提出迁都洛阳以后，就得不到战马，倒是一个需要重视的问题。孝文帝回答说："卿言无马，此理粗可。马常出北方，厩在此置，卿何虑无马？今代在恒山之北，为九州之外，以是之故，迁于中原。"

穆罴的这个理由被孝文帝驳倒了。于是，他又从另一个角度提出反对的理由，他说："臣闻黄帝都涿鹿。以此言之，古昔圣王不必悉居中原。"

这是从历史上寻找不迁的根据，孝文帝以他丰富的历史知识，驳倒了穆罴的这个论点，他说："黄帝以天下未定，居于涿鹿；既定之后，亦迁于河南。"说得穆罴哑口无言。

这时，尚书于果说："臣诚不识古事，如闻百姓之言，先皇建都于此，无何欲移，以为不可。……自建邑平城以来，与天地并固，日月齐明。臣虽管见肤浅，性不昭达，终不以恒代之地，而拟伊洛之美。但以安土重迁，物之常性，一旦南移，惧不乐也。"

于果讲不出多少理由，只好打着替百姓反映意见的幌子反对迁都，实际上流露了他自己安于现状的保守思想。

反对派提不出多少反对迁都的理由，于是，贵族元老拓跋丕提出："陛下去岁亲御六军讨萧氏，至洛，遣任城王澄宣旨，敕臣等议都洛。初奉恩旨，心情遑越。凡欲迁移，当讯之卜筮，审定吉否，然后可。"保守势力只得乞灵于占卜了。

孝文帝认为，迁都洛阳的决定是完全正确的，无须再用占卜以决疑，而且提出"至人之量未然，审于龟"的观点，表现了这位改革家的大无畏精神。

孝文帝在逐一批驳了反对迁都的种种理由之后，又继续给贵族百官们做细致的说服工作，解除他们对南迁的一些顾虑。他说："朕既以四海为家，或南或北，迟速无常。南移之民，朕自多积仓储，不令窘乏。"

答应在南迁之后，很好地解决他们的生活所需。

经过孝文帝耐心的说服教育，贵族和百官的态度有所转变，终于接受了迁都的决定，拓跋丕站出来代表大家说："臣仰奉慈诏，不胜喜舞。"

孝文帝因势利导，进一步开导他们说："卿等或以朕无为移徙也。昔平文皇帝弃背率土，昭成营居盛乐，太祖道武皇帝神武应天，迁居平城。朕虽虚寡，幸属胜残之运，故移宅中原，肇成皇宇。卿等当奉先君令德，光迹洪规。"

拓跋氏在历史上的确有不断迁徙的传统，早期他们从大鲜卑山一路南迁到云中一带自不必说，即使在建立国家以后，也曾不断迁都。平文皇帝即拓跋郁律死后，拓跋贺傉继位，之后，"乃筑城于东木根山，徙都之"。昭成即拓跋什翼健，他于东晋咸康七年（341年）"筑盛乐城于城南八里"。太祖道武帝即拓跋珪，天兴元年（398年）他迁都于平城。孝文帝认为，自己现在应当继承前辈不断迁都、锐意进取的精神，并发扬光大之。

经过孝文帝的说服教育，大部分贵族、百官终于接受了孝文帝迁都的决定。但是，仍有少数官员还是想不通，如前怀州刺史青龙、前秦州刺史吕受恩等人"仍守愚固"，孝文帝针对他们的想法逐一加以解释，最终使他们"辞屈而退"。

对于迁都有看法想不通的一些人，只要不站出来捣乱，孝文帝也允许他们保留自己的意见，宽容待之。

有一次，孝文帝问贵族大臣于烈道："卿意云何？"

于烈答道："陛下圣略渊远，非愚管所测。若隐心而言，乐迁之与恋旧，唯中半耳。"

于烈的回答非常坦率，在贵族大臣中也很有代表性，孝文帝听后反而称赞了他一番，说："卿既不唱异，即是同，深感不言之益。宜且还旧都，以镇代邑。"于是，孝文帝把留守平城的重任委托给了他。

后来，在太和二十年（496年）发生了穆泰、陆睿等人反对迁都的谋反事件，于烈没有卷入反对迁都的谋反事件中，这与孝文帝曾给他做过思想工作不无关系。

■故事感悟

从孝文帝说服群臣和与群臣辩论迁都得失的过程可以看出：孝文帝迁都，自始至终都存在着革新与守旧两派的对立和斗争。孝文帝所面对的保守势力还是很大的，为数甚多的鲜卑贵族和官僚站在了反对迁都的一面。面对这种情况，孝文帝不是采用简单的行政命令和高压手段，而是耐心、广泛、深入地做了许多说服教育工作，既坚定不移，又循循善诱、以理服人，终于使许多站在对立面的人放弃了自己的观点，站到了拥护迁都的一面来，于是，孝文帝争取到了统治集团大多数成员的理解、拥护与支持，从而保证了迁都的顺利进行。

■故事感悟

孝文帝的幼年时期

北魏孝文帝拓跋宏的父亲献文帝信仰佛教，对政治极其厌恶，总想超脱俗世去修身养性。因此，在471年拓跋宏才5岁的时候，献文帝就将皇位让给了他。

北魏时期，拓跋家族一直引用汉朝时期的老办法，"立其子杀其母"。即在立儿子为太子的同时，杀掉太子的母亲，以防止像吕后篡位那样的悲剧重演。拓跋宏的生母就是在其被立为太子时所杀。年幼的拓跋宏由祖母冯太后抚养长大。所以，在471年至490年的20年间，北魏政权一直由太皇太后冯氏把持。

拓跋宏聪慧早熟，冯太后一直担心他长大后会对自己不利，所以并不喜欢他，甚至打算废掉他。后来在大臣穆泰的劝阻下，拓跋宏才保住了皇位。但拓跋宏生性孝顺，由于从小就跟着冯太后，故而一直把冯太后当亲生母亲一样。虽然冯太后对他并不疼爱，但拓跋宏却是冯太后的肖孙，即使常常被责罚也毫无怨言。

杨炎倡行两税法

楊炎（727—781），字公南。河西节度使吕崇辟掌书记，德宗时，门下侍郎，同中书门下平章事宰相职。楊炎卒于德宗建中二年，时年55岁。楊炎著有文集十卷，制集十卷，《新唐书·艺文志》系苏弁所编，并行于世。

唐建中元年（780年），唐德宗李适即帝位后，下令实行新的赋税制度——两税法。这是我国赋税制度史上的一次重大改革，影响极其深远。提出这个主张的人，正是唐德宗时期的新任宰相杨炎。

杨炎是一位美男子，他神情飘逸，豪爽潇洒，又写得一手好文章。他的文章气势雄浑，词藻华丽，因而在渭、泷（今陕西西部、甘肃东部）一带，颇有名气，被称为"小杨山人"。

天宝末年（742—756年），杨炎就任河西节度使掌书记。后以文才被征召为吏部司勋员外郎，转礼部郎中、知制诰，迁中书舍人，负责草拟皇帝的诏敕。代宗大历（766—779年）时，宰相元载以杨炎有文学才华，选拔为吏部侍郎，把他作为宰相继承人对待，非常器重。大历十二年（777年），元载因罪被赐死，杨炎随即也被贬为道州（今湖南道州）

司马。

当时正值"安史之乱"以后，"开元盛世"一去不返，唐王朝的统治危机四伏。朝中宦官当权，藩镇离心离德，吐蕃一度攻入长安，回纥亦在边境虎视眈眈。官府的盘剥榨取变本加厉，赋税兵徭更加沉重。"均田制"早已荡然无存，但"租庸调"还在继续征收。户税、地税增长了几倍，还有豪强地主拼命地兼并侵占。老百姓或"朝餐是草根，暮食仍木皮"；或流徙异乡，转死沟壑。走出京城以后，杨炎视野所及的是一片凄凉破败的惨象。

在被贬谪的日子里，杨炎没有颓废沉沦。他接触了生活底层的百姓，目睹社会的黑暗、官吏的贪酷、人民的苦难，从而在心中孕育着改革现状的愿望。

三年后，德宗召杨炎还京，拜为门下侍郎、同中书门下平章事（宰相职）。杨炎为相后雷厉风行，致力于拨乱反正，进行改革。

杨炎提出改革赋税制度的主张。他上书分析人口、土地占有状况的变化，指出户部掌握的户籍已是一纸空文，按丁征收的租庸调已难以执行。他举例：天宝年间，户口使王铽务在聚敛，分明戍边的人早已死在外边，却仍按照旧户籍征税，强迫其家缴纳30年所欠的租庸调，百姓哀苦无告。他又分析肃宗以后赋税制度的混乱，斥责各级官吏自立名目、乘机搜刮，或公为进献，或私为赃货。他一针见血地指出：各种名目的科敛多至数百，"废者不削，重者不去，新旧仍积，不知其涯"，造成"天下残瘁，荡为浮人，乡居地著者百不四五"的严重局面。因此，他认为革除弊政的根本办法就是实行"两税法"。

杨炎制定的"两税法"内容包括以下几项。

一、凡百役之费，一钱之敛，先度其数而赋于人，量出以制入。

二、户无主、客，以见居为簿；人无丁、中，以贫富为差。

三、不居处而行商者，在所州县税三十之一，度所取与居者均，使无侥幸。

四、居人之税，秋、夏两征之，俗有不便者正之。

五、其租庸杂徭悉省，而丁额不废，申报出入如旧式。

六、田亩之税，率以大历十四年（779年）垦田之数准，而均征之。

七、夏税无过六月，秋税无过十一月，岁终以户赋增失进退长吏，而尚书度支总焉。

德宗十分赞赏"两税法"，立即将其颁布于天下。

"两税法"的本质是按照田亩和资产征税，资产少者其税就少，资产多者其税就多。这一办法显然对那些丁多而田亩资产少的贫苦农民有利，减轻了他们的赋税负担。对那些原来享有免税特权的官僚士绅和田亩资产多而税轻的豪强地主则不利。

"两税法"颁布之时，朝野哗然，权贵们群起而攻之。他们借口"租庸调是高祖、太宗之法也，不可轻改"，鼓噪不休。但是唐德宗不为所动，态度很坚定，迅速派遣官员到各州府去核定税额，推行新法。"两税法"实行以后，受到老百姓的欢迎。

■故事感悟

历史证明，杨炎的改革适应了社会和时代的发展，影响极为深远，如《明史》卷七八《食货志》指出："赋役之法，唐租庸调犹为近古，自杨炎作两税法，简而易行，历代相沿，至明不改。"杨炎不愧是中国古代有远见的改革家。

租庸调制

"租庸调制"是唐朝前期施行的主要赋役制度。

经过隋末的大动荡，唐朝初期人口锐减，大片土地荒芜。为了恢复农业生产，唐政府采取了前代曾实行过的"均田制"，对每一男丁授田百亩，其中永业田20亩、口分田80亩。在这一基础上，又实施了租庸调法，规定：每丁每年向国家输粟2石，为租；输绢2丈、绵3两（或布2丈4尺、麻3斤），为调；服役20日，称正役；不役者每日纳绢3尺（或布3.6尺），为庸。如果因事增加派役，则以所增日数抵除租调，"旬有五日免其调，三旬则租调俱免"，并限定所增的日数与正役合计不得超过50日。

这一规定主要承袭了北魏以来对赋役制度的改进，租调负担也比前代略有减轻，并订有水旱灾减等办法，在服役与纳绢之间具有一定的灵活性。

辽太宗行"因俗而治"

辽太宗（902—947），即耶律德光，一名尧骨，系耶律阿保机的次子。在其20岁时就做了天下兵马大元帅，阿保机对他寄希望。阿保机到各处征战时，耶律德光都跟着出征，立功甚多，直到后来平定渤海国，都有所建树。他在位期间，契丹的农业有了较大的发展。此外，契丹的民族文化也发展到很高的水平。

十世纪初，契丹族于中国北部迅速崛起。916年，耶律阿保机称帝，建元神册，定国号契丹（后改国号辽），十年之后灭靺鞨族渤海国政权，疆域"东至海，西至流沙，北绝大漠"，控制了大漠南北和东北广大地区。天显二年（927年）辽太宗耶律德光继位后，又迫使后晋石敬瑭割让燕云十六州，进而占据了华北平原。

居于辽境北部的契丹人"畜牧畋渔以食，皮毛以衣，转徙随时，车马为家"，其生产方式以游牧经济为主。由于受汉族地区先进文化和生产、生活方式影响，契丹建国前后正处于从氏族社会末期向封建社会飞跃的历史时期。一方面，阿保机任用俘去的汉族地主阶级知识分子韩延徽、康默记、韩知古等人实行一系列改革，正如北宋富弼所说，自契丹侵取燕蓟以北，"得中国土地，役中国人力，称中国位号，仿中国官属，任中国贤才，读中国书籍，用中国车服，行中国法令"，其所作为"皆与中国等"；另一方面，也不可避免地保留了很多野蛮落后的做法。

大同元年（947年），辽太宗攻破开封，大肆劫掠后北返，便遭到汉族人民强烈反抗，使辽太宗大发感慨："我不知中国（当时所谓中国皆指中原）人难制如此！"并把"纵兵掠刍粟"和"括民私财"列为此行"三失"中的两条重要教训。

随着辽王朝疆域的不断扩张，境内不同民族之间在生产方式、社会制度方面的冲突愈趋激烈。处于落后阶段的契丹征服者尚不能适应高度发展的封建文明，而又无法全部演变到先进的农耕经济，于是在这种特定历史条件下，辽太宗耶律德光"因俗而治"，确立了"官分南北，以国制治契丹，以汉制待汉人"的一国双轨的统治制度。

辽太宗推行新的治国策略，主要体现在制定两套并行的政治制度：其官有契丹枢密院及行宫都总管司，谓之北面，以其在牙帐之北，以主蕃事；又有汉人枢密院、中书省、行宫都总管司，谓之南面，以其在牙帐之南，以主汉事。

北面官制是统辖管理契丹畜牧经济的体制，一律由契丹贵族充任北面官员，执掌辽王朝最高军政大权。北面官中分朝官、御帐官、皇族帐官、诸帐官、宫官等体系。北面朝官为实际执政机构，朝官中设执掌军民大政的最高行政机关枢密院、佐理军国大政的宰相府、执掌刑狱的夷离毕院、掌管礼仪的敌烈麻都司，负责纠察百官的中丞司以及大王院、宣徽院、大林牙院、大于越府、大惕隐司等机构。南面官则"治汉人州县、租赋、军马之事"，系仿唐制，"设南面三省、六部、台、院、寺、监、诸卫、东宫之官"。

南面官主要任用汉人，契丹贵族亦得出任南面官之要职，但"领燕中职事者，虽胡人亦汉服，谓之汉官"。

除政治制度外，辽法律也分两套：一套用于处理契丹与汉、奚、渤海靺鞨四姓之间的关系，衣服、饮食、言语，各从其俗，但"凡四姓相犯，皆用汉法"；而契丹"本类自相犯者"，则"用本国法"，为此辽"别立契丹司以掌其狱"。表现在服制上，则有"皇帝与南班汉官用汉服，太后与北班契丹臣僚用国服"的区别。

实施一国双轨制的结果，有利于辽王朝社会稳定。在两套体制并存、农耕地区封建文明得以继续发展的情况下，充分显示出封建文明的巨大优越性，自然吸引满朝公卿百官加快效法中原向封建制转化的步伐。至辽圣宗执政时，又从一国双轨制趋于南北一致，不但普遍推行封建赋税制，而且诏令"契丹人犯十恶者，依汉律"，俱照汉人法律制裁，使契丹社会基本上实现了向封建制的过渡。

北宋庆历年间（1041—1048年），右正言余靖奏疏竟称："臣尝痛燕蓟之地，陷于胡虏且百年，而忘南顾之心者，戎狄之法，大率简易，盐麹俱贱，科役不烦故也。"长年陷入辽境的汉族人民居然在当地安居乐业，不思南归，这显然是辽王朝实现封建化并革除北宋一些弊端导致的结果。

历史证明，辽太宗实施的一国双轨制，对保存、发展汉族地区封建文明并促使契丹社会向封建制过渡发挥了积极作用。

■故事感悟

每一次变革之前均应有对事情整体的认识，继而因事因时制宜。有时为了兼顾其他，变革的多样性也随之而来。辽太宗在认识到两民族差异并存的情况下，果断制定了一国双轨制的方针，从而解决了国家的社会稳定问题。时至今日，该做法仍具有积极意义。

南面官

南面官为我国古代宋辽时期的一种辽官名，是辽代契丹统治汉人的一种行政机构系统，是与北面官相对而言。

这一制度在辽太宗时期初步形成。辽太宗耶律德光在位期间，由于汉族人口日益剧增，原有的官职过于简单，至世宗天禄元年（947年）分置北南枢密院。世宗耶律阮时期，南面官系统逐渐完备，京城设有三省、六部、台、院、寺、监；京外设有节度、观察、防御、团练等使，都是模仿唐朝时期的制度。

这一机构虽然庞大，但职简权轻，远不能与北面官之权力相比拟。

毕昇的活字印刷

宋代时期，雕板印刷大为盛行。当时的雕板印刷过程是：先把木头锯成一块块大小一样的板子，使之平滑，然后在一张薄纸上写字，反贴在板子上，用刀雕刻成凸字，再刷上墨，铺上纸，用软刷在纸上轻轻刷过，揭下来，纸上就有了白底黑字。

一本书的字数多，所雕的板也不止一块，每一块都照这种方法刷印成文。全部印刷完毕，一页一页地装订起来，就成了一本书。

当时，杭州西山有个号称"神刀王"的雕板师傅，刀下功夫远近闻名，有口皆碑。许多人慕名前来拜师，"神刀王"一概不收。他晚年时，破格收下了一个平民出身的小徒弟——毕昇。原来，"神刀王"不但看中了毕昇那股灵巧劲儿，更喜欢他那忠厚、诚实的品行。他觉得，把自己的本领传给这样的人，死时就可以瞑目了。

毕昇跟着"神刀王"一学就是几年，技艺大有长进。有一次，师傅雕刻晋代大书法家王羲之的《兰亭序》，让毕昇在一旁观察揣摩。还剩下最后一行时，毕昇不小心碰了师傅的手臂，把刀下那个"之"字刻坏了。

毕昇难过极了。晚上，他躺在床上翻来覆去睡不着觉。他先是埋怨自己，后来突然冒出一个念头：雕板印刷太麻烦了，能不能改一改呢？从那天起，他一有空儿就琢磨这件事。一天，他在西湖边散步，发现一个江湖画师正在往一幅风景画上盖图章，凑近仔细一瞧，真新鲜，那画师竟把三枚图章串在一起盖。

毕昇颇有兴趣地看了一会儿，忽然猛一击掌，高兴地大叫起来："有办法了！有办法了！"他一溜烟跑回住处，用胶泥做成一个一个方块，干了以后刻上反字，一字一块，接着用火将这些活字烧硬，按韵排列在特制的木格里，然后根据需要将活字排在铁框里固定好，这样就可以刷上墨印书了。

活字印刷既方便、又节约成本，这种新技术后来被传到全世界。

■故事感悟

历史上任何一项成功的革新都在不同程度地推动着人类的进步。革新劳动制度可以促进生产力的飞速发展，革新政治制度可缓和阶级矛盾，革新事物可迅速改变世界的整体面貌。毕昇以其独到的见解改革了印刷术，使人类的文化产业得到了空前的提高。由此可见，创新不仅仅是产业，更是一种精神，毕昇这种精神值得后人继承与发扬。

■史海撷英

毕昇技术的流传

宋代时期的毕昇发明了活字印刷术，从而提高了印刷的效率。但是，毕昇的发明在当时却并未受到统治者和社会的重视，甚至在他死后，活字印刷术也没有得到推广，因而毕昇所创造的胶泥活字没能够保留下来。但是，毕昇发明的活字印刷技术却从此流传下来。